Reinhard Schneider

DIE MACHT DES VATERUNSER

Reinhard Schneider

DIE MACHT DES VATERUNSER

MIRIAM-VERLAG

Mit kirchlicher Druckerlaubnis
des Bischöflichen Ordinariates Chur
vom 18. Dezember 1975

3. Auflage 2002
© Miriam-Verlag • D-79798 Jestetten
Alle Rechte, auch die der Übersetzung und
der auszugsweisen Wiedergabe, vorbehalten.
Satz und Druck: Miriam-Verlag
Printed in Germany
ISBN 3-87449-092-0

INHALTSVERZEICHNIS

Einleitung	6
Vater unser im Himmel	10
Geheiligt werde Dein Name	15
Dein Reich komme	23
Dein Wille geschehe, wie im Himmel, so auf Erden	32
Unser tägliches Brot gib uns heute	42
Und vergib uns unsere Schuld, wie auch wir vergeben unsern Schuldigern	50
Führe uns nicht in Versuchung	59
Erlöse uns von dem Bösen	67
Schlußwort	76
Literaturhinweis	78

Einleitung

Die Seele, die betet, steht *allein* vor Gott, mögen noch so viele auf der ganzen Erde gleichzeitig beten. Der vertraute Umgang der Seele mit Gott untersteht keinen irdischen Gesetzen. Die Seele greift im Glauben über alle Sterne und das All hinaus zu einer Macht, die außerhalb der Schöpfung im Sein ihrer Herrlichkeit vollkommen ist, das ist *Gott Vater*.

Die Kraft, besser die Macht, sich im Geiste so hoch hinauf zu erheben, hat von allen Geschöpfen nur der Mensch. Leider sind sich nur wenige dieser Macht bewußt. Die Seee, die sich im vertrauten Gespräch Gott hingibt, steht über allem und hat nur Gott vor sich. So wie wir nach unserem Tode ganz *allein* vor dem Richter stehen, so steht jeder beim Gebet im Leben *allein* vor Gott. Darum zählen vor dem Richter nur die hingebenden Gebete, niemals die gedankenlosen Lippengebete. Das hingebende Gebet vor Gott kann nur aus einem Herzen kommen, das den in der Herrlichkeit thronenden Vater liebt, aus dem ganzen Gemüt und aus allen Kräften der Seele. So lösen wir uns von den Fesseln dieser Welt und überschreiten die Grenzen geistiger Enge und Finsternis dieser Welt und treten allein vor die Lichtherrlichkeit Gottes, den Großen und Allmächtigen.

Das Licht von Gott strahlt auf die Seele in dem Maße, als Liebe und Glaube in der Seele glühen, und wir entweichen so der Enge und dem Dunkel dieser Erde. Gottes Liebe kommt über uns wie ein warmer Hauch, der alles durchdringt und unser Inneres mit unsagbarer Freude erfüllt.

Jesus, der Sohn Gottes, betete oft viele Stunden in der Einsamkeit. Wir lesen in der Heiligen Schrift: „Danach bat Jesus seine Jünger in das Boot zu steigen, um Ihm an das andere Ufer vorauszufahren, während Er das Volk entlasse. Als Er das Volk entlassen hatte, stieg Er allein auf einen Berg, um zu beten" (Mt 14, 22).

Das war damals, als Er nachher in der vierten Nachtwache auf dem See wandelte und zu den erschreckten Jüngern in das Boot stieg. Jesus betete demnach viele Stunden bis tief in die Nacht hinein allein auf dem Berg.

Jesus verbrachte oft die Nacht im Gebet, wie die Heilige Schrift berichtet.

Wie ergreifend sind Seine Gebete im Abendmahlssaal, die Er inmitten der Jünger zum Vater sprach. Jeder der Jünger spürte, daß Jesus während des Gebetes ganz mit dem Vater vereint war. „Verherrliche Du Mich, Vater, bei Dir mit der Herrlichkeit, die Ich bei Dir hatte, ehe die Welt war" (Joh 17, 5). Jesus leuchtete vor Innigkeit mit dem Vater, als Er für die Jünger und alle, die durch sie glauben, betete: „Wie Du, Vater, in Mir bist und Ich in Dir bin, so laß auch sie eins sein" (Joh 17, 21).

Jesus verweilte einst auf einer Seiner Wanderungen an einem Ort im Gebet. Als Er damit fertig war, sagte einer von Seinen Jüngern zu Ihm: „Herr, lehre uns beten, wie auch Johannes seine Jünger beten gelehrt hat." Da sagte Er zu ihnen: „Wenn ihr betet, so sprecht:

Vater unser im Himmel,
Geheiligt werde Dein Name.
Dein Reich komme.
Dein Wille geschehe,
wie im Himmel so auf Erden.
Unser tägliches Brot gib uns heute.
Und vergib uns unsere Schuld,
wie auch wir vergeben unseren Schuldigern.
Und führe uns nicht in Versuchung,
sondern erlöse uns von dem Bösen"
(Mt 6, 9-13).

Diese wenigen Sätze, die uns nach der Anweisung Seines Sohnes in das Gebet zu Gott Vater einführen sollen, enthalten eine solche Mächtigkeit an Wahrheiten, an Tatsachen, an Liebesflehen, alle Grenzen erdhaften Seins sprengend und in die Himmel dringend, daß es sich lohnt, über diese Worte nachzudenken, obgleich wir nie in die ganze Tiefe dieser Weisheit vordringen können.

* * *

*Dies ist die schöne Aufgabe
des Menschen:
zu beten und zu lieben.
Wenn ihr betet und liebt –
seht, das ist das Glück des
Menschen auf Erden.*

Johannes Maria Vianney

VATER UNSER IM HIMMEL

Pater noster qui es in caelis

Das erste Wort heißt VATER. Dies war das von Jesus am meisten geliebte Wort. Jedesmal war es ein Liebesfeuer aus Seinem Herzen zum Vater, wenn Er dieses Wort aussprach. Sein Leben schließt Er mit „Vater, in Deine Hände empfehle ich Meinen Geist" (Lk 23, 46).

Als Moses den Herrn fragte, was er den Israeliten sagen soll, wer ihn gesandt habe, da sprach der Herr zu Moses (Ex 3, 14): „Ich bin, der Ich bin", das heißt der ewig „Seiende". Wie müssen diese Worte durch alle Himmel gedonnert haben! Alles, was ist, erhält das Sein aus dem Seienden. Er ist das Leben, denn alles, was ist, hat das Sein aus Ihm. Er ist das Sein über aller menschlichen Zeitrechnung und dem Lauf aller Gestirne. Vergangenheit und Zukunft sind Gegenwart vor Ihm. Ihm ist gegenwärtig, was vor Jahrmilliarden geschah und was die Zukunft noch bringen wird.

Unsere Begriffe von Raum und Zeit entspringen menschlichem Denken. Der Vater steht hoch über allem, was der Mensch erforschen und erobern kann. Raum und Zeit sind vom Seienden geschaffen und werden nach Seinem Willen auch wieder vergehen, denn sie sind nicht Gott. Er bleibt der ewig Seiende, der große und herrliche Gott.

Der Evangelist Johannes setzt an den Anfang seines Evangeliums, gleichsam als voraussetzendes Wissen, die alles Sein und alle Ewigkeiten umfassenden Worte:

„Im Anfang war das Wort, und das Wort war bei Gott, und das Wort war Gott. Dieses war im Anfang bei Gott" (Joh 1, 1-2).

Mit diesen scheinbar sich wiederholenden Worten beschreibt der Liebesjünger Jesu Gott Vater, der immer schon war. Er selbst ist Anfang und Ende in einem. Mit dem Schlußsatz: „Dieses war im Anfang bei Gott", schließt er einen Kreis vom Vater zum Sohn und wieder zum Vater. Der Kreis ist Symbol der Ewigkeit, weil er weder Anfang noch Ende hat. Zu diesem über dem All waltenden Gott sollen wir beim Anfang des Gebetes aufschauen, so verlangt Jesus von uns, daß wir unser Herz zum VATER erheben.

Wir fragen uns, woher hat Johannes diese Weisheit und diese Aussagekraft in so wenigen Worten?

Johannes war wohl von den Aposteln der genaueste Beobachter Jesu. In ihm entbrannte ein Feuer der Liebe, je mehr er von der Wahrheit überzeugt wurde, daß Christus wahrer Sohn Gottes ist. Im Abendmahlssaal legte Johannes den Kopf an die Brust Jesu. Am letzten Abend Seines Lebens ließ Jesus Seine Liebe mit der Liebe des Johannes zu Ihm verschmelzen. Wer Gott so liebt, dem schenkt Er die Sicht in Seine Herrlichkeit. So wie später Johannes auch die Sicht in die apokalyptische Zukunft gewährt wurde, hatte er damals im Abendmahlssaal schon die klare Sicht, wie Gott aus dem Urgrund des ewigen Seins hervortritt, vereint mit dem Wort von Ewigkeit her und in der Liebeseinheit mit dem Heiligen Geiste, alles Sein in der Hand haltend.

Wie muß doch Johannes dabei von neuem ein Liebesfeuer gepackt haben, da er nun weiter gewahrte, daß „alles durch dasselbe geworden und ohne dasselbe nichts geworden ist, was wirklich da ist. In Ihm war das Leben, und das Leben war das Licht der Menschen. Und das Licht leuchtet in der Finsternis, aber die Finsternis hat es nicht ergriffen" (Joh 1, 3-5). Ja, in der Folge sah Johannes klar die Tatsachen, wie er sie in Wirklichkeit selber erlebte: „Er war in der Welt. Die Welt ist durch Ihn geworden, doch die Welt erkannte Ihn nicht. Er kam in Sein Eigentum, doch die Seinen nahmen Ihn nicht auf. Allen aber, die Ihn aufnahmen, gab *Er Macht, Kinder Gottes zu werden*, nämlich denen, die an Seinen Namen glaubten" (Joh 1, 10-12).

Bemerkenswert sind in seinem Evangelium die Worte: „... gab Er Macht, Kinder Gottes zu werden." Das Wort *Macht* schließt hier die Verbundenheit mit der Allmacht Gottes ein. Gott sagte zu Moses vor dem Auszug aus Ägypten: „Hab keine Angst, *Ich bin mit dir*." Und Gottes Allmacht war mit Moses am Roten Meer. Christus gab den Jüngern, als Er 72 aussandte, die Macht, Kranke in Seinem Namen zu heilen. Damit wurde nur angedeutet, welche Macht den Kindern des Vaters eigen ist. Gott setzt aber als Bedingung voraus: „die an Seinen Namen glauben."

Bei der Lehre, die Christus Seinen Aposteln gab, wie sie beten sollen, stellt Er zuerst den Vater vor, zu dem sie ihr Herz erheben sollen. Im gleichen ersten Satz verlangt Er aber das Bekenntnis des Glaubens: „... im Himmel." Mit der Aussage „im Himmel" wird das Sein, die wahre Existenz des ewig Seienden ausgedrückt. Der Glaube wird von Christus gleichsam als Fundament für die weiteren „Vaterunser-Bitten" verlangt.

Der kindliche Glaube der Kinder Gottes greift mit Kindesliebe hinauf zu den Händen des Vaters, über die Grenzen dieser Welt hinaus. Nur ein unerschütterlicher Glaube an den Vater kann Ihn, den gütigen Vater, bewegen, die Vollmacht zur Machtteilnahme dem Bittenden zu verleihen. Der Glaube übersteigt alle Grenzen irdischer Gesetze und kann durch keine Wissenschaft ersetzt werden. Ein kindlicher Glaube macht glücklicher als alle Freuden der Welt. Ein Kind Gottes zu sein, ist schon die Vorwegnahme himmlischer Seligkeit, darum sagt Christus: „... im Himmel." Im Himmel heißt soviel wie überirdisch, nicht an die Gesetze der Erde gebunden, außerhalb und doch auch innerhalb der Schöpfung, die Gott in Seiner Hand hält.

Schon der erste Satz, die Einführung in das erhabene Gebet, sagt deutlich aus, daß Jesus die Apostel zu einem Liebesentfalten zum Vater führen will. Der Glaube soll die Apostel einsehen lassen, daß es für Gott keine Hindernisse gibt, Er ist immer gegenwärtig und bietet uns die Botschaft Seiner Liebe an. Der Gedanke, daß Gott unmittelbar bei uns steht, läßt unser Herz freudig die Nähe des großen Herrschers fühlen. Dankbare Liebe aus dem ganzen Gemüt steigt in die Höhe wie die Tonklänge des schönsten Liedes zu Dir, o Gott.

Ach, wie sind wir arm ohne diese Liebe, wie öde und leer, wie steinern hart, bleiern schwer gähnt uns das Leben in dieser Welt an. Darüber, über diese Kluft der

Leere ohne Liebe, helfen keine Freuden dieser Welt hinweg. Als Christus auf dem Berg Tabor vom Vater verklärt wurde, da wurde es den drei Aposteln sichtbar, was bisher unsichtbar in Ihm verborgen war. Eine strahlende Liebe, schöner als die Sonne. Zu dieser Liebesherrlichkeit wollte Christus alle führen, die Sein großes Gebet, das „Vaterunser", andächtig mit der Liebe aus ganzem Herzen beten.

* * *

Geheiligt werde dein Name

Sanctificetur nomen tuum

Es muß etwas Gewaltiges und Mächtiges sein, was der Name des Vaters im Himmel beinhaltet. Diesem Namen, dem allmächtigen Gott, stehen wir Menschen in diesem Leben und nach unserem Tode drüben in der Ewigkeit gegenüber. Aus Ihm spricht die Gerechtigkeit mit der Allwissenheit über alles, was geschah. Daran kommt keiner vorbei. Wenn wir in der Bibel die Geschichte der Menschheit lesen, so erfahren wir, daß sie immer dann, wenn die Menschen dem Namen des Herrn nicht die Ehre gegeben und Seine Gesetze nicht geachtet haben, Unheil befallen hat. Die Geschichte des Volkes Israel bleibt Vorbild für alle Generationen und an Anschauungsereignissen lehrreich.

Ein wechselvolles Leben zeigt die Geschichte dieses Volkes. Dem Lob und Preis für den Herrn folgte gleich wieder Murren, Auflehnung, Rebellion und allgemeines Übertreten der Gebote. Hatten sie ihre Untaten wieder bereut, Gott demütig um Verzeihung gebeten, Seinen Namen wieder geehrt, schenkte Er ihnen wieder Seine Gunst. Wie wurde dieses Volk vom Herrn beschützt, wenn es Seinem Namen Ehre, Liebe und Vertrauen entgegenbrachte und Seine Gesetze mit Freuden befolgte! Welche Sehnsucht ruft aus dem Psalm 42, 2-3:

Gleich einem Hirsch, nach Wasserbächen schmachtend, so schmachtet meine Seele, Gott, nach Dir. Nach

Gott lechzt meine Seele, nach dem lebendigen Gott. Wann darf ich kommen, daß ich Gottes Antlitz schaue?

Oder dem Psalm 84, 2-3:

Wie lieblich ist doch Deine Wohnung, Herr der Heerscharen! Mein Geist verlangt und schmachtet nach des Herren Vorhöfen; mit Leib und Seele rufe ich nach dem lebendigen Gott.

Im alten Bund wurde im Namen des Herrn vor allem der Inbegriff größter und höchster Macht verstanden. Wenn die Israeliten zum Herrn riefen, dann setzten sie meistens an den Anfang ihres Anrufes: „Herr der Heerscharen, mit starkem Arm hast Du Dein Volk aus Ägypten geführt ..." Ihre Vorstellungen von Jahwe, dem Namen, den niemand auszusprechen wagte, waren oft Bilder eines grimmigen und zornigen Gottes, obgleich die Erstellung eines Bildes von Gott verboten war. Allerdings mußte Gott gegenüber diesem halsstarrigen und oft undankbaren Volk Strenge walten lassen, wollte Er sie für Sein Ziel erziehen.

Als die Zeiten sich erfüllt hatten, sandte der Vater Seinen Sohn, damit Er ein neues Gesetz, das Gesetz der Liebe, alle Menschen lehre, nicht nur die Israeliten. Dieses neue Gesetz enthält die wahre Erfüllung Seiner bisherigen Gebote. Er brachte die frohe Botschaft der Liebe. Er verkündete und bewies die Liebe des Vaters zu den Menschen. *Im Namen des Vaters* verkündet der Sohn als erstes und höchstes Gebot die Liebe zum Vater. Er verspricht ewiges Leben in der Herrlichkeit des Vaters, das wir so leicht erreichen können, wir müssen Ihn nur aufrichtig lieben. *Vater*, das ist der Name der *Liebe*.

Der Gottessohn lehrt die Menschen beten: „Geheiligt werde Dein Name." Wir sollen den Namen des Vaters *heiligen*, das ist: *Ihn lieben*. Im alten Bund wurde der Herr gepriesen ob *Seiner Taten der Macht*. Wie ganz anders hört sich das Beten an im Neuen Bund, nichts mehr vom starken Arm und vom Zerschlagen der Ägypter.

Obwohl schon im Alten Bund als erstes Gesetz die Liebe zu Gott gegeben war, blieb es meist unbeachtet, weil die Pharisäer so viele Verordnungen dem Volk aufbürdeten, daß das Volk beim Vollzug all dieser Riten so abgelenkt wurde, daß es das oberste Gesetz der Liebe zu Gott nicht höher wertete als die vielen anderen Vorschriften. Das „Händewaschen" und die peinliche Ordnung der Speisen usw. beschäftigten sie so sehr, daß das erste Gebot, das Moses ihnen gab, verwässert wurde. Sie befolgten die vielen Vorschriften mehr mechanisch und meistens nur, um keine Nachteile in ihrem Geschäft gewärtigen zu müssen. Ihr Tun wurde dabei selbstsüchtig, nur auf den eigenen Vorteil bedacht. Bezeichnend hierfür ist die Probe, welche die Pharisäer für Christus ausdachten.

Sie glaubten, Jesus eine Falle stellen zu können, wenn sie die anscheinend für das Volk von damals sehr schwierige Frage stellten: „Welches ist das größte Gebot?" Es war für sie nicht mehr selbstverständlich, der Liebe zu Gott die Priorität zu geben. Christus aber hebt feierlich das Gebot der Liebe zu Gott und zum

Nächsten als das größte Gebot an die oberste Stelle (Mk 12, 29-31; Mt 22, 37-40). Das Gebot der Liebe wird von Christus auf die Ebene des Himmels gehoben, wo Heiligkeit, die Sprache der Engel, die Liebe ehrt. Aus dem Namen des Vaters strahlt Liebe, und diese verlangt Gegenliebe. Darum betet Jesus vor: *„Geheiligt (Ehre aus Liebe)* werde Dein Name." Daraus spricht eine große Ehrfurcht Jesu vor dem Vater.

Wie glücklich sind wir doch, da wir eingeladen sind, dem Vater mit einem *Bekenntnis der Liebe* zu begegnen. Jeder, der Ärmste und Schwächste, vermag diesen Preis zu leisten für den Eintritt in die Gemeinschaft der Erben des Vaters, die Gemeinschaft der Erben des Paradieses. Eine große Freude kommt auf uns zu, welche alle frohlocken läßt. Die Liebe ist glücklich, sich erwidert zu sehen! In beschaulicher Versenkung lassen wir unser Herz diesen Frieden kosten, staunend ob den unendlichen Weisheiten des Liebeswillens aus dem Herzen des Vaters. Christus setzt gleich an den Anfang des „Vaterunser", das Er die Apostel lehrte, die Verpflichtung, den Vater, den Er den Aposteln vorgestellt hatte, zu heiligen (zu lieben). Wenn Er sagt: *„Dein Name"*, so werden darin sowohl die Hoheit des Vaters als auch Seine Taten und Sein Wirken eingeschlossen. Wir verwenden oft die Redeform: „Dieser oder jener Mann machte sich einen *Namen*, indem er dieses oder jenes gute Werk verrichtete." Mit seinem Namen war sein Werk verbunden. Hörte man seinen Namen, so dachte man sofort an das, was er Gutes getan hat.

Welche Ehre gehört doch dem Namen, der uns ins Leben gerufen hat, darin erhält und zur Herrlichkeit bei Ihm bestimmt hat! Über allen Namen, aller Ehre, die je einem Menschen bekundet wurden, muß der Name des Vaters auf der Ebene himmlischer Heiligkeit geliebt werden. Dieser Name des Vaters birgt die Fülle Seiner Großtaten in sich, die Er im Ablauf der Geschichte des Himmels und der Erde gewirkt hat. Noch mehr! In diesem Namen sind alle Kraft und Macht in Überfülle, die jetzt und für alle Zeiten die Größen und Dimensionen des Seins beherrschen.

Jesus betete im Abendmahlssaal für die Jünger: „Heiliger Vater, bewahre sie in *Deinem Namen*. Solange Ich bei ihnen war, habe Ich sie in *Deinem Namen* bewahrt, den Du Mir gegeben hast" (Joh 17, 11-12). Die letzten fünf Worte sagen deutlich, daß der Vater aus der Fülle der Macht *Seines Namens* Seine Kraft und Schutzmacht an Jesus übergeben hat.

Den wahren Wert des Namens vom Vater und vom Sohn, die Auszeichnung zum Eintritt in den Himmel für die Ewigkeit, zeigt das Bild aus der Geheimen Offenbarung von Johannes 14, 1: „Und ich sah, und siehe: Das Lamm stand auf dem Berge Zion und mit Ihm hundertvierundvierzigtausend, die *Seinen Namen und den Namen Seines Vaters auf ihren Stirnen geschrieben trugen*. Und ich hörte eine Stimme aus dem Himmel gleich dem Tosen vieler Wasser und gleich dem Rollen gewaltigen Donners ..."

Der Mensch, solange er lebt, tut gut daran, den Namen Gottes so zu heiligen und zu lieben, daß er mit der Auszeichnung dieses Namens im Jenseits erscheinen kann.

Sind wir uns – jeder einzelne Mensch – bewußt, daß jeden Tag und in jedem Zeitpunkt unseres Lebens Gott neben uns steht! Freuen wir uns, daß wir mit diesem höchsten Namen, mit dem Vater, der uns erschaffen hat, in vertrautem „Du-und-Du" stehen!

Wenn man auf dieser Erde um eine Audienz bei einer hohen Persönlichkeit (Staatsoberhaupt usw.) nachsucht, so kann es meist sehr lange dauern (Wochen und Monate), bis wir zugelassen werden, wenn wir nicht gar abgewiesen oder irgendeinem untergeordneten Funktionär zugewiesen werden, dem wir kein Vertrauen schenken. Aber beim allerhöchsten Herrn, Gebieter über alle Staaten und Völker, erhalten wir jederzeit Einlaß, bei Tag oder mitten in der Nacht. Wir dürfen Ihm in jedem Augenblick auch das geringste Anliegen vortragen. Ja, Er kommt zu uns und hört uns liebevoll an.

Mit „Du" dürfen wir Ihn jederzeit ansprechen! Er hört jedes Wort, das wir Ihm sagen. Es wird nichts vergessen und bleibt aufgespeichert, viel sorgfältiger und wahrheitsgetreuer, als die beste elektronische Speicheranlage (Computer) es vermag. Ja, nicht nur das Wort, auch die Gedanken liest unser bester und liebster Freund uns aus dem Herzen.

Benützen wir doch dieses Privileg, so oft als möglich mit Ihm zu sprechen, womit wir Seine Freundschaft und Seine Liebe gewinnen. Beeilen wir uns, denn dieses Privileg verliert bald seine Gültigkeit. Es ist befristet bis zur Todesstunde, nachher ist es zu spät. Gehen wir darum heute noch zum Vater! Wir dürfen, ja wir sollen immer vertrauter werden und Ihm alles und jedes vortragen, um so Seine Gegenwart in unserem Herzen zu erleben, so daß wir Ihn keinen Augenblick mehr missen möchten. Wir werden dann auf manches Vergnügen, manchen weltlichen Genuß freiwillig verzichten aus Liebe zu unserem Freund, um lieber bei Ihm zu bleiben und mit Ihm zu plaudern und unser Liebesgeständnis immer von neuem zu wiederholen.

Dies ist keine Autosuggestion, nein, dies ist die Übung zu einem Liebesleben in Wahrheit zum Vater, der dem Liebenden *Seinen Namen* auf die Stirne schreibt, weil wir *Seinen Namen geheiligt haben* und daher in Seinem Reiche aufgenommen sind.

O Vater, schenk uns eine heilige *Furcht und Liebe* zu Deinem Namen. Eine heilige Gottesfurcht darf man nicht verwechseln mit der Bedrängnis und Furcht vor den Schrecken in der feindlichen Welt, Furcht vor Gewalt und den Mächten des Bösen. Gott will nicht Furcht, die die Liebe zerstört.

Als der Vater Seinen Sohn zur Erde sandte, kündeten die Engel zu Bethlehem den Hirten: „Fürchtet euch nicht ..." Und als Christus nach der Auferstehung den Jüngern erschien, sagte Er: „Fürchtet euch nicht, Friede sei mit euch ..."

Vor Gott braucht sich die liebende Seele nicht zu fürchten. Derjenige, der keine Liebe zu Gott aufbringt, sollte sich vor der Leere seines Herzens fürchten. Die heilige Furcht zum Namen des Vaters ist das sorgfältige Sichabschirmen gegen jegliche Gedanken und jegliches

Tun, was dem Vater mißfällt, was nicht Seinem Willen, Seinen Geboten entspricht. Ein wahrhaft liebendes Herz wird niemals etwas tun, das dem geliebten „Du" weh tut, sondern alles vermeiden, wenn es befürchtet, ein Leid zu verursachen. Wahre Gottesfurcht verhütet alles, was dem Herzen des Geliebten nicht Freude zu schenken vermag.

Um diese heilige Furcht und Liebe zum Namen des Vaters müssen wir beten.

* * *

DEIN REICH KOMME

Adveniat regnum tuum

Die Apostel erwarteten von Christus (wie alle Juden) die Wiederaufrichtung des Reiches Israel. Wie von den Propheten so oft verkündet, wird der Emmanuel Herrscher sein über alle Völker der Erde. Darum erwarteten sie bis zuletzt, daß Christus dieses Weltreich, unter Führung der Juden, aufrichten werde. Aber Christus trat nicht auf als Herrscher, obgleich Er sich wiederholt als Gesandter des Vaters mit Macht über die Elemente ausgewiesen und öfters in Gleichnissen vom Reiche Gottes gesprochen hatte. Der Sohn Gottes zeichnete sich durch Demut aus und ganz und gar nicht, wie sich die Juden den strengen Herrscher vorgestellt hatten. Demut war das Gewand Christi, das auch wir tragen sollen, wollen wir zu Seiner Gefolgschaft gehören.

Da Christus die Apostel und die Menschen der nachfolgenden Jahrtausende beten läßt: „Dein Reich komme", so meint Er ebenso das Reich Gottes der Endzeit als auch das Reich Gottes der Gegenwart, in der wir leben. Bei Gott ist alles Gegenwart, Er sieht gleichzeitig Vergangenheit und Zukunft. Die Bitte an den Vater: „Dein Reich komme", trägt jetzt unser Flehen um Hilfe zum Himmel, da wir die Prüfung für die Aufnahme in Sein Reich bestehen müssen, als auch um Sein Kommen in der Endzeit, wo Er mit großer Macht und Herrlichkeit zum letzten Gericht über die gesamte Menschheit erscheinen wird.

Wir müssen uns hüten, den gleichen Fehler wie die Jünger zu begehen, welche die Prophezeiung des Jesaja so auslegten, daß der Messias ein irdisches Reich gründen werde, in dem sie dann hohe Staatsämter bekleiden würden. Die Juden wollten schon den Vorläufer, Johannes den Täufer, nicht verstehen, weil er ihnen nicht vom Judenreich weissagte, sondern die Bußtaufe und die Umkehr von ihrem schlechten Lebenswandel predigte. Sie hätten lieber gehört, wie sie der Messias vom Joch der Römer, der Besatzungsmacht, befreien würde. Der Täufer aber sprach nicht von Staatsgebilden, sondern wurde persönlich und sprach jeden einzelnen in seinem Gewissen an: „Bringt Frucht wirklicher Sinnesänderung" (Mt 3, 8).

Der jüdische Ratsherr Nikodemus war ein gebildeter Gelehrter mit großem Wissen um viele Dinge in der Welt. Er sah, wie Christus die Kranken heilte, sogar Aussätzige wurden rein. Er hatte dies selber festgestellt. So großes medizinisches Wissen hatte noch kein Gelehrter in Israel vordemonstriert. Nikodemus wollte sein Wissen erweitern und ging zu Jesus. Bei Jesus mußte der Gelehrte erfahren, daß ein großer Unterschied besteht zwischen Wissen, Gelehrsamkeit dieses irdischen Bereiches und der Weisheit aus dem Reich Gottes, die Christus predigte. Diese Weisheit darf nicht verwechselt werden mit irdischem Wissen, der irdischen Wissenschaft. Die Weisheit kommt vom Heiligen Geist, von Gott, von oben. Jesus sagte zu Nikodemus: „Wahrlich, wahrlich, Ich sage dir, wenn einer nicht wiedergeboren wird, so kann er das *Reich Gottes* nicht schauen" (Joh 3, 3). Was Jesus da sagte, paßte in keiner Weise in das irdische Wissen des Gelehrten. Sein Wissen und die Weisheit des Gottessohnes erwiesen sich als zwei unvereinbare Thesen. Nikodemus erhielt die Lehre, daß das Reich Gottes, das Christus brachte, eine Macht des Geistes ist, die Macht der Liebe vom Vater zu den Menschenherzen, keine Staatsgewalt, die andere Völker unterjocht. *Christus heilte durch die Macht des Geistes* die Kranken, nicht mit irdischer Wissenschaft.

Die Lehre, die uns Christus in diesem Bericht gibt, aufgeschrieben von Johannes, hat heute noch die gleiche Gültigkeit wie vor 2000 Jahren. Wie oft hört man heute: „Ich kann nur glauben, was durch die sogenannte exakte Wissenschaft als echt nachgewiesen ist." Sie wollen keine Weisheit annehmen, die ihren Ursprung über der irdischen Wissenschaft hat. Was sie nicht auf eine irdische Formel bringen, wird als unwirklich abgelehnt.

Wenn diese Leute die Wissenschaft wie einen Götzen verehren, so sollten sie aber auch die negativen Auswirkungen der Wissenschaft, für die der Mensch bei falscher Anwendung verantwortlich ist, einsehen. Sind es nicht Früchte der Wissenschaft, wenn unser Lebensraum heute mehr denn je vergiftet ist? Nicht nur die Luft, Flüsse und Seen sind vergiftet, sogar die Meere sind zu Kloaken der Chemie, bzw. der Auswertung der chemischen Wissenschaften geworden. Die riesigen Waffenlager an Spreng-und Atomgeschossen halten die Menschen in Angst und Furcht vor unüberlegten Entscheiden weniger Staatsmänner, die das Leben vieler Millionen Menschen mit nur einem Knopfdruck auslöschen könnten. – Schrecklich, was diese exakte Wissenschaft uns gebracht hat!

Damit soll die Wissenschaft als solche keinesfalls zum allgemeinen Übel abgestempelt werden. Die Entdeckungen im 20. Jahrhundert ließen uns erstaunen, wie die Ordnung der Schöpfung auch in der kleinsten Einheit, im Atom, die Hand des Meisters aller Ordnung erkennen läßt. Die Menschen sollen Wissenschaft und Forschung fördern. Die Entdeckungen dürfen aber nicht gegen die Menschen, sondern sollen zum Wohl der Menschen eingesetzt werden. „Macht euch die Erde untertan", hat Gott den Menschen empfohlen. – Heute ist der Mensch zu einem großen Teil schon zum Untertan der Technik und Elektronik geworden. Schon viel Unheil hat der Mensch dem Menschen mit seinem Wissen über die Kräfte der Erde zugefügt.

Dagegen bringt die Weisheit aus dem Reich Gottes Liebe für alle Menschen, den heiligen Willen Gottes, der nur Liebe, Vertrauen und Frieden schenkt. Die Weisheit aus dem Reich Gottes enthält keinen Kult an die Materie, sondern den Geist aus dem Heiligen Geist, er bringt Licht in das ausweglose Dunkel, in das sich die Menschheit hineinmanövriert hat.

Nikodemus fand vorerst den Schlüssel nicht zum Eingang in das Reich der Weisheit, die der Messias brachte, denn er fragte: „Wie kann ein Mensch wiedergeboren werden, wenn er schon alt ist?" Jesus lehrte ihn nun, indem Er den Grundsatz aller Weisheit offenbarte, die Grundlage und den Ursprung der Weisheiten aller Zeiten: „Wahrlich, wahrlich, Ich sage dir, wer nicht aus dem Wasser und dem Heiligen Geist geboren wird, kann in das Reich Gottes nicht eingehen. Was aus dem Fleisch geboren ist, ist *Fleisch*, und was aus dem (Heiligen) Geiste geboren ist, ist *Geist*" (Joh 3, 5-7). Mit so wenigen, einfachen Worten erklärt Jesus den Unterschied zwischen irdischem Wissen, das nur Irdisches hervorbringt, und der Weisheit, die wohl auf dem irdischen Träger Wasser (Schöpfung, Mensch) ruht, aber vom Heiligen Geist kommt.

Christus klagt dann darüber, daß Er in Israel keinen Glauben finde. Wer ohne Glauben an die weisen Lehren des Gottessohnes dahinvegetiert, kann aus Ihm auch kein ewiges Leben erhalten. Christus sagt nun zu dem Gelehrten (Nikodemus) das einschneidende und schwerwiegende Urteil: „Wer an Ihn (Gottessohn) glaubt, wird nicht gerichtet werden, wer nicht glaubt, *ist schon gerichtet*" (Joh 3, 18). Dies will sagen, der Mensch des Widerspruchs schickt sich selbst in die Hölle. Mit den nächsten Worten an Nikodemus trennt Jesus mit dem Vergleich von Finsternis und Licht das hartnäckige Festhalten an der irdischen Wissenschaft von der Weisheit, die der Gottessohn vom Heiligen Geist bringt: „Das Licht ist in die Welt gekommen, aber die Menschen liebten die Finsternis mehr als das Licht" (Joh 3, 19).

Hören wir noch einmal den Vorläufer und Wegbereiter des Herrn, Johannes den Täufer, wenn er sagt: „*Er muß wachsen, ich aber abnehmen*" (Joh 3, 30). In diesen wenigen Worten liegt das Geheimnis unserer Seligkeit verborgen. Sie bezeichnen einen Werdegang im Menschen, gleichsam die Himmelsleiter. Der Täufer wollte, daß sich dieser innere Wandel in allen Menschen, die seinen Ruf beherzigen (Mk 1, 3): „Bereitet den Weg des Herrn", vollziehe, nämlich: Ich muß abnehmen, Er (Christus) muß wachsen. In dem Maße, wie *unser Ich* in uns abgebaut und die Eigenliebe zerschlagen wird und die letzten Scherben der Ichsucht weggeräumt werden, wächst in uns die Weisheit, das *Reich Gottes*; dies ist die Wiedergeburt. Christus thront dann in unserem Herzen. Er bringt uns Wonne über Wonne. Was immer auch um uns und mit uns geschieht, ist sekundär, die Wonne kann man uns nicht nehmen, Sein Reich kam zu uns.

Der Täufer, der die Ankunft des Reiches Gottes ankündigte, erhielt bei der Taufe Christi vom Himmel das Geschenk der klaren Erkenntnis dieses Reiches. Freudig bezeugt er: „Ich sah den Geist wie eine Taube vom Himmel herabschweben und auf Ihm verweilen" (Joh 1, 32). In das Herz des Täufers war in dem Augenblick eine Wonne eingekehrt, er hatte die Gewißheit: Der Vater im Himmel hat gesprochen, *das Reich Gottes ist gekommen*. Dieses Bewußtsein gab Johannes auch die Kraft, im Kerker stark zu bleiben.

Mit Christus kam das Reich des Vaters zur Erde. Und es kommt heute noch. *Gott ändert Seine Lehre nie.* Was der Täufer lehrte, hat heute noch Gültigkeit: „Bereitet den Weg des Herrn! Macht gerade Seine Pfade!" (Lk 3, 4). Seine Worte haben heute noch den gleichen Wert: „Ich muß abnehmen, Er aber muß wachsen" (Joh 3, 30). Damit Christus in uns wachsen kann, müssen wir zuvor unser Nichts angesichts eines so gewaltigen Herrschers einsehen. Wir müssen unsere Eigenliebe aufgeben, aussteigen aus dem egozentrischen Karussell, das sich dauernd nur um unser Ich mit seinen Wünschen nach irdischen Gütern dreht. Noch heute ruft uns der Täufer zu: „Geht nicht mehr im Kreis selbstsüchtigen Denkens, sondern auf geradem Weg zum Vater. Schaut direkt zum Vater, liebt Ihn, dann kommt Sein Reich zu euch und ihr seid überglücklich."

Es ist zu befürchten, daß diese Ratschläge von vielen Lesern nicht verstanden werden oder, um die Redewendungen gewisser Gelehrter zu gebrauchen, als veraltet, von neuzeitlichem Denken überholt, nicht ernst genommen werden. Die Antwort, besser gesagt den Wahrheitsentscheid, dürfen wir niemals bei den Menschen holen, und hätten sie noch so viel Bücherwissen verschluckt. Nur bei Gott ist die klärende Wahrheit zu finden. Diese aber fällt nicht jedem Rebellen in den Schoß, wir müssen sie suchen und erbitten. Der Weg zu Gottes weisem Rat führt durch das Tal der Demut, und das Licht, das den Weg beleuchtet, ist die Liebe zu einem über allem Menschenwissen stehenden, unendlich weisen, das All erfüllenden Gott. Liebe zu Ihm, Betrachtung über das Leben des Gottessohnes und die Qualen Seines Todes und wiederum dankbare Liebe, das sind die Stufen, die emporführen zur wahren Gotteserfahrung, zur wahren Weisheit. Wir müssen leben mit denen, die sich starben, nicht mit denen, die nur für sich leben und die Menschen in die Welt und nicht zu Gott führen.

Christus sagte am 16. September 1966 zu Marguerite ("Marguerite, »Botschaft der barmherzigen Liebe an die kleinen Seelen«") die so inhaltsvollen und tröstlichen Worte: „Die Wahrheit mißfällt manchen Seelen, die in der Tugend und im *Verzicht* wenig fortgeschritten sind. Weil die Menschen die Freude und die Schönheit eines von Liebe und Licht erfüllten Lebens nicht kennen, finden sie noch Gefallen an ihrem elenden Leben."

Wahrhaftig, wenn Gott zu uns kommt und unser Herz erwärmt und tröstet, wenn Er uns mit Seinem Licht klarer Erkenntnis der Wahrheit erfüllt, dann kosten wir die Freuden Seines Reiches. Herr, Dein Reich komme zu uns, es erfülle alle Menschen, Völker und Nationen.

Dem heiligen Nikolaus von Flüe war das „Vaterunser" und der Rosenkranz die zentrale Mitte seines Gebetslebens in der Einsamkeit seines Einsiedlerlebens. Jedes Wort, das Christus im Auftrag des Vaters, des Herrn allen Lebens, in dieses Gebet gelegt hat, war für ihn ein Schatz vom Himmel, uns geschenkt. Nikolaus betrachtete jedes Wort und drang in die Tiefe der darin enthaltenen Weisheit. Es wird berichtet, Nikolaus sei einmal zu Fuß, ganz allein, nach Maria Einsiedeln gepilgert, wobei er auf dem ganzen Weg von Sachseln bis Einsiedeln ein einziges „Vaterunser" gebetet und durchdacht habe. Wie oft wird er nur das Wort VATER wiederholt haben, mit der Begeisterung, im Vater zu leben, sich in Seinem Reich der Liebe zu bewegen, Sein wirkliches Dasein mit jedem Herzschlag zu fühlen. Wahrhaftig, des Vaters Reich war zu ihm gekommen, wie hätte er sonst 15 Jahre ohne Speise leben können?

* * *

Dein Wille geschehe, wie im Himmel, so auf Erden

Fiat voluntas tua, sicut in caelo et in terra

Das ewige Leben, das Gott Seinen Heiligen und den Heerscharen der Engel im Himmel schenkt, ist kein starres, steinernes, stumpfes Dahinschlafen. Nein, Leben ist Bewegung, alle Himmel sind beglückt durch ein fortwährendes, herrliches Erleben. Der Wille des Vaters ist die strahlende Mitte. Der Wille des Vaters ist nur Liebe, feurige Liebe. Der ganze Himmel ist entzückt, wenn Gottes heiliger Wille zu einem Impuls anhebt. Seine Liebe verbreitet Glück und Seligkeit. Sein Willensimpuls ist bewegte Liebe. Sein Wille ist eine Schönheit von strahlender Herrlichkeit und unbeschreiblicher Harmonie, alle Dimensionen mit Weisheit erfüllend.

Alle Heiligen und Engel staunen immerfort ob Gottes grenzenloser Liebesweisheit, die alle Erwartungen übersteigt. Eine endlose, herrliche Symphonie ist der heilige Wille des Vaters im Kleid der Liebe. Christus, der Erlöser, der vom Vater zu den Menschen gesandt wurde, läßt die Menschen beten: „Dein Wille geschehe, *wie im Himmel, so auf Erden*."

Christus will also den Liebesfluß aus dem Feuerball des Liebeswillens des Vaters zur Erde leiten. Die Menschen sollen schon während ihres Erdenlebens eingeholt werden von der Herrlichkeit des so beglückenden Liebeswillens des Vaters. Ein Übermaß an Güte und Wohlwollen senkt sich herab, ein Strom von Glück und

Seligkeit, was zuvor nur den Engeln und Heiligen im Himmel vorbehalten war, kommt auf die Menschen zu, die des Heilands Gebet: „Dein Wille geschehe", mit Inbrunst und reiner Liebe, aus der Tiefe des Herzens zum Vater senden. Wer ist sich beim Beten des „Vaterunser" bewußt, was er da vom Vater erbittet? Die Vorstellungskraft des Menschen scheitert an der Größe und Mächtigkeit der dem Menschen angebotenen Herrlichkeit. Wie kann schon eine Mücke das Himalajagebirge verschlucken!

Was die Mächtigkeit dieses Glückes ausmacht, ist sein Ursprung und sein Ziel. Es kommt *vom Vater* und wird *nie enden*. Sein Wert ist unauflösbar, ohne zeitliche Grenzen.

Wir sind uns der Unvergänglichkeit dieses Glücks viel zu wenig bewußt. Ein Vergleich mit den Freuden dieser Welt ist unmöglich, weil das Erdenglück an den zeitlichen Grenzen zerschellt. Jedes weltliche Glück auf dieser Erde, und wäre es hundertmal schöner als das des Sonnenkönigs Ludwig XIV., ist begleitet vom Schatten, der das sichere Ende mit Bestimmtheit ankündigt. Der Gedanke, daß das Glück einmal aufhören soll, nagt wie ein Wurm am Herzen des stärksten Baumes. Verbannen wir solche Gedanken, wird jedem ehrlichen Menschen klar, daß wir damit nur der Wahrheit ins Gesicht geschlagen haben. Wir haben die Wahrheit wohl verdrängt, aber auch dieser Zustand ist zeitlich begrenzt. All das Schöne auf dieser Erde hat bloß zeitliche Dauer; alle irdischen Freuden hören einmal auf. Wie entsetzlich für viele Besitzende, vielleicht schon in wenigen Jahren alles wieder verlieren zu müssen, weil dann die Lebensuhr abgelaufen ist.

Wie Balsam auf diese Wunde wirken die Verheißungen Christi vom Glück, *das nicht mehr von uns genommen wird*. Wie oft verkündete Jesus ewiges Leben denen, die an Ihn glauben und Seine Lehre befolgen. Ein Leben der Freude und des Friedens, ein Sein im Vater endlos, ewig, unverlierbar und unzerstörbar.

So einleuchtend der Vorzug ewigen Glücks vor irdischen Freuden auch im Evangelium nachgewiesen ist, können sich doch viele Menschen nicht von den verderblichen, kurzlebigen Freuden dieser Welt trennen. Ihre Herzen sind wie gefesselt an diese Welt; sie können sich nicht der Liebe des Vaters zuwenden. Gott verlangt aber vom Menschen den klaren Entscheid, ob er die Liebe des Vaters annimmt oder dem Ruf der Liebe kein Gehör schenkt.

Gott gab dem Menschen den freien Willen. Damit gab Er dem Menschen eine Entscheidungskraft von ungeheurer Macht und Wirkkraft, die das Dasein sprengen und sogar dem Willen Gottes im Widerspruch entgegentreten kann. Der Mensch erhielt dadurch die Freiheit, sich gegen oder für den Willen des Vaters zu entscheiden. Gott gab ihm dieses Werkzeug der Macht, den freien Willen, zu freiem Gebrauch, ohne daß der Vater ihn hindert. Der Mensch kann also – so mächtig ist der Mensch – einen Entscheid über sein eigenes Leben ohne zeitliche Grenzen, von endloser Dauer für die *endlose Ewigkeit fällen*.

Es ist eine über allem Sein stehende Tatsache, daß dem heiligen Willen des Vaters im Himmel der Wille des Menschen auf der Erde gegenübersteht. Die Engel und Heiligen im Himmel staunen ob der Machtzuwendung des Vaters an die Menschen und Seine übergroße Liebe, die Er gleich einem überfließenden Meer an Liebe über die Menschen ausgießt. Wahrhaftig, Er gibt ihnen *die Macht*, Kinder Gottes zu werden. Der Mensch besitzt die Macht, selbst zu entscheiden, ob er Gott trotzen will, wie es so viele Menschen tun, indem sie das Angebot Gottes zurückweisen, oder ob er Gott für Seine Liebe mit der Gegenliebe danken will. Gott steht vor der Tür eines jeden Menschen. Ignoriert der Mensch bewußt Gott, der um Einlaß in sein Herz bettelt, um ihm das übergroße Geschenk Seiner Liebe zu bringen, so bleibt dieser Mensch abgekehrt von Gott, im Widerspruch zu Ihm, auch nach dem Tode – wie er es selbst gewollt hat – ohne das Licht von Gott in der Finsternis, ewig, ohne Ende.

So respektiert Gott den freien Willensentscheid des Menschen. Im freien Willen des Menschen kann sich seine Macht zu einem Entscheid von unabsehbarem Ausmaß entfalten: Abkehr von Gott, damit endlose Finsternis, oder Hinwendung zur Liebe Gottes, damit Paradies und Seligkeit ohne Zeitbegrenzung. Eine Ewigkeit liegt im Willensentscheid des Menschen. Gott mußte für dieses große Geschenk des Liebesergusses aus Seinem Herzen wenigstens den Preis der *Gegenliebe* verlangen. Wie klein ist dieser Preis für die Macht der Kindschaft des Vaters, dieser Kinder, die Er mit so viel Liebe ausstattet. Dafür werden weder Schweiß noch Vermögen, weder Gut noch Blut verlangt, nur Liebe. Diese Gegenliebe *aus freiem Willensentschluß*, die der Mensch aus ganzem Herzen, seinem ganzen Gemüt und allen seinen Kräften dem Vater schenkt, ist an sich schon, was das Herz in Wonne versetzt.

Noch eine Überlegung muß uns beglücken. Verborgen in dem Geschenk der „Macht der Kinder Gottes" liegt die Macht, den *Willensimpuls beim Vater auszulösen*. Den nötigen Kontakt erwirkt das auf den Schwingen der Gegenliebe emporgetragene Gebet. Gottes Wille ist – es kann nicht genug wiederholt werden –, nur Liebe. Gott wartet darauf und hält im Überfluß Seine Liebe bereit, bis wir Ihn bitten: „Dein Wille geschehe, wie im Himmel", wo alle Engel und Heiligen an diesem Erleben überaus beglückt sind, *„so auch auf Erden."*

Wie wunderbar ist doch die Macht der Kinder Gottes. Sie dürfen anklopfen am Herzen des Vaters, und sie erhalten aus des Vaters heiligem Willen Seine Liebe, die alles beinhaltet, was wir für ein ewiges Leben benötigen. Bedenkt aber gut: Viele bitten um etwas, was dem Heile ihrer Seele entgegen ist, oder sie sind ungeduldig und machen sich so der Gnaden unwürdig.

Auf der höchsten Stufe, die der Mensch mit dem ihm geschenkten freien Willen erreichen kann, steht der Altar, auf dem der Mensch dem Vater seinen eigenen freien Willen zurückschenken kann. Der Mensch kann aus freiem Willen sein Herz dem Vater hingeben und sich Seinem Willen schenken, mit der Liebe aus ganzem

Herzen. Damit greift er über die Grenzen des irdischen Daseins hinaus in die Ewigkeit und erfreut das Herz des Vaters so sehr, daß Er ihm die Herrlichkeit aus Ihm selbst für die Ewigkeit ohne Ende sichert.

Sind wir im Liebesgeschehen so weit, läßt sogar die Heilige Dreifaltigkeit, Gott Vater, Sohn und Heiliger Geist, sich in unserem Herzen nieder. Heute schon thront Gott in unserem Herzen und trägt mit uns, was der Tag uns bringt; wir erhalten alles aus Seiner Hand. Trifft uns ein Leid, ein Unglück oder der Verlust eines lieben Menschen, so wissen wir, daß Gott, der in unserem Herzen wohnt, zuerst den Schmerz getragen hat; wir erhalten ihn als zweiter von Ihm und tragen den Schmerz für Ihn. Er kann und wird ihn umwandeln in den Triumph Seiner Liebe, wenn wir auch den tiefen Sinn Seiner Liebesweisheit erst in der Ewigkeit ganz verstehen können. Nie ist ein Schmerz umsonst, wenn er dem Vater geschenkt wird. Das Liebesopfer aus einem blutenden Herzen belohnt der Vater tausendfach. Nichts geht verloren beim allwissenden Gott.

Auch dem Menschensohn Jesus Christus zeigte Gott Vater am Ölberg alle Einzelheiten der furchtbaren Qualen im voraus, welche die Menschen Ihm bei Seiner Hinrichtung zufügen würden. Beim Anblick dieser Bilder trieb es Ihm vor Angst das Blut aus den Poren. Noch hatte Christus mit freiem Willen die Wahl, das Leiden abzulehnen oder zuzulassen, daß Er dem haßerfüllten Willen der Pharisäer zum bestialischen Mord an Ihm ausgeliefert werde. Seine menschliche Natur zitterte und rief zum Vater: „Laß diesen Kelch an Mir vorübergehen!" Christus wußte aber, daß im Willen des Vaters eine Liebe verborgen war, die alles menschliche Begreifen unendlich übersteigt und zum Schluß in alle Ewigkeit triumphiert, mochten sich die Menschen noch so grausam mit der Hölle verbünden. Darum übergab Christus Seinen Willen in des Vaters Willen und opferte sich für diese Liebe des Vaters zu den Menschen.

Der Triumph dieses Liebesopfers wird uns erst einmal beim „Jüngsten Gericht" vollumfänglich klar. Wie werden dann die Seelen in reiner, vollkommener Dankbarkeit für Seine große Liebestat Gott lobsingen! Dann werden wir auch unsere Liebe mit Seinem Triumph vereinen können. Der Wille des Vaters ist in Seiner Substanz nur Liebe. Christus war uns Vorbild, wie wir unseren Willen, was immer kommen mag, in den Willen des Vaters legen sollen, denn der Wille des Vaters ist wahre Liebe, die immer triumphiert und uns zum höchsten Glück in Seiner ewigen Herrlichkeit führt.

Dein Wille geschehe wie im Himmel, so auch auf Erden. Vielen Menschen gelingt das Wagnis nicht, ihren Willen im Glauben an die Worte Christi in die Hände des Vaters zu legen. Zu viele Wege in dieser Welt führen nicht zu Gott. Die moderne Welt will die Lehre des Nazareners vor 2000 Jahren überwunden haben. Trotzdem erwärmt die Liebe des Vaters immer wieder von neuem die Menschenherzen, wie die Sonne ihr Licht allen Geschöpfen der Erde immer wieder spendet. Mögen noch so viele die Lehre des Nazareners verdrehen oder gar verlassen, Gott erweckt immer wieder neues Leben, Menschen, die Herz und Liebe Ihm schenken. Die Herrlichkeit Gottes wird im Laufe der Jahrtausende im Fortleben Christi in Seiner Kirche auch durch das Licht der Aussage der Heiligen aller Jahrhunderte übereinstimmend stets bestätigt und erneuert. Würden die Menschen das Leben der Heiligen mehr studieren, erhielten sie auf viele Fragen eine Antwort.

Faszinierend ist das Wunder des gleichbleibenden Liebeswillens des Vaters und des nicht versiegenden Quells Seiner Liebe für alle, die guten Willens sind. Noch ein großes Geheimnis sei hier gelüftet: Wenn der Mensch seinen freien Willen dem göttlichen Willen opfert, erfüllt der Wille des Vaters die Seele mit Wonne, Liebe und unermeßlichen Gütern. Dann herrscht keine Trennung mehr, sondern ständige Vereinigung mit Gott im Handeln, im Denken und im Lieben. Wir erkennen in Gottes Willen die Schöpfung, Sonne und Gestirne, alles Leben auf der Erde bis zum letzten, unscheinbaren Blümlein, jedes dieser Wesen mit seiner besonderen Beziehung zum Schöpfer. Jedes geschaffene Wesen hat das Gepräge der Liebe. Wir sollen *Anteil nehmen an den Beziehungen*, die der Ewige in die ganze von Ihm geschaffene Welt hineingelegt hat. Dann vernehmen wir die Mitteilung aller Wesen, auch von denen ohne Sprachfähigkeit. Welch große Liebe vom Schöpfer spricht aus dem Schöpfungsakt mit beredter Gebärde zu uns. Wir sind von der Vielfalt so entzückt, daß wir für die Schöpferkraft Gottes immerfort Ihm Dank sagen und Ihm huldigen möchten.

Wie spricht die ganze Schöpfung von Gottes Herrlichkeit! Ein Beispiel: Die Sonne gibt Kunde von dem höchsten Sein. Mit ihrem Licht und ihrer Wärme weckt sie das Leben zur Blüte, vollendet die Früchte, schenkt Leben und *bedarf für sich selber nichts*. Sie ist der Abglanz des Schöpfers. Ihr Licht berührt unzählbare Wesen, *doch niemand kann mit ihr in Berührung kommen*. Die Sonne spiegelt die selbstlose Liebe des Schöpfers, sie verkündet Seine über allem Leben unantastbare Lichtherrlichkeit. Die Seele, die in den Willen des Vaters selbstlos eintritt, nimmt Anteil an den Beziehungen der Vielfalt zwischen dem Schöpfer und dem Leben in der Welt und erkennt, wie der Vater die Schöpfung für den Menschen erschaffen hat, damit dieser darin den Wegweiser finde zur Liebesherrlichkeit im Vater. Das Leben im Willen des Vaters verwirklicht den Zweck der Schöpfung. Es gibt die Freude an ihr und prägt allen unseren Werken, weil ja gemeinsam mit Gott getan, das göttliche Siegel auf.

Alle irdischen Dinge, ob klein oder groß, schmerzvoll oder freudvoll, kommen uns zu aus dem Willen des Vaters, denn Er hat alles erschaffen; sie gelangen in unseren Besitz und helfen uns, den Willen des Vaters zu erfüllen, wodurch unsere Liebe zu Ihm immer größer wird.

Je öfter wir uns versenken in den Willen Gottes, desto mehr erweitert sich die Fassungskraft unseres Geistes. Der Wille Gottes in uns ist wie ein Edelstein. Besitzen wir einen Edelstein, dem wir einen geringen Wert zuschreiben, ist unsere Liebe ebenso gering. Lassen wir den Stein von einem Fachmann prüfen und dieser erkennt ihn als wertvoll und schätzt ihn beispielsweise auf 100 000 Dollar, so erhöht sich unsere Beachtung und Sorgfalt. Bietet ein weiterer Fachmann dafür 1 Million Dollar, weil der Edelstein außerordentlich wertvoll ist, so gilt unsere ganze Liebe und Pflege nun diesem *kostbaren Besitz*. So ist es mit dem Willen Gottes in uns. Nicht nur dieser Schatz gewinnt in unserem Besitz an Wert, je mehr wir ihn wirklich erkennen und seine Kraft uns bewußt wird, sondern auch die von uns mit dem *Willen Gottes ausgeführten Akte* gewinnen einen größeren Wert. In dem Maße, als wir uns mit dem Willen Gottes vereinen, fließt ein Meer von Gnaden von Gott zu uns. – Dein Wille geschehe, wie im Himmel, so auf Erden.

* * *

Unser tägliches Brot
Gib uns heute

Panem nostrum quotidianum da nobis hodie

Wie ist der Mensch doch abhängig von der täglichen Nahrung. Fällt sie aus, verliert er die Kräfte und verkümmert.

Als die Israeliten, nach der Durchquerung des Roten Meeres, in der Wüste hungerten und deswegen murrten, da sprach der Herr zu Moses: „Ich lasse euch Brot vom Himmel regnen" (Ex 16, 4).

Als Aaron dies der ganzen Gemeinschaft verkündigte und sie sich der Wüste zuwandten, da erschien des Herrn Majestät in der Wolke (glänzende Lichterscheinung). Der Herr sprach zu Moses: „Da möget ihr erkennen, daß Ich, der Herr, euer Gott, bin" (Ex 16, 10-12). So hatte Gott schon in frühester Zeit die Menschen ermahnt, die *Abhängigkeit von Gott, dem Herrn,* nicht zu vergessen.

Christus, der Sohn Gottes, wiederholte die wunderbare Zuwendung von Nahrung an die Menschen. Er lehrte das Volk, die Gesetze Gottes aus Liebe zum Vater zu befolgen, und wirkte die Wunder der Brotvermehrung, damit sie an Seine Worte glauben (Mk 6, 36-44: erste Brotvermehrung; Mk 8, 1-10: zweite Brotvermehrung). Alle erkannten die Mächtigkeit des Wunders und die Barmherzigkeit Gottes. Sowohl im Alten Testament als auch zur Zeit Christi war mit dem Wunder eine Aufforderung gegeben zum Glauben an den alleinigen, unumschränkt herrschenden und barmherzigen Gott. Christus sprach jeweils vor der Brotvermehrung: „Mich erbarmt des Volkes." Bei beiden Ereignissen, sowohl zur Zeit Moses in der Wüste als auch zur Zeit Christi, wurde der Leib genährt mit dem von Gott gespendeten Brot, aber auch die Seele genährt mit der zuversichtlichen und tröstenden Lehre Gottes von Seiner Allmacht.

Diese „Vaterunser-Bitte", die Christus in so wenigen einfachen Worten die Apostel lehrte, enthält nebst der Bitte noch eine Vertrauensbezeugung dem Vater gegenüber. Christus lehrte ausdrücklich: „Unser *tägliches* Brot gib uns *heute*." Warum sagte Er nicht: „Gib uns Brot für alle Zeit?" Damit wäre die Nahrung gesichert gewesen, solange wir leben, und nicht nur für heute und nur die tägliche Ration. Die Antwort ist ebenso einfach wie weittragend. Es soll uns täglich die Abhängigkeit von Gottes Erbarmen bewußt werden. Wir sollen täglich, angesichts der erbarmenden Liebe des Vaters, Ihn lieben lernen, woraus ein liebendes Vertrauen hervorquillt.

Gott gab diese Lehre schon den Israeliten, als Er in der Wüste Brot regnen ließ. Da gebot der Herr: „Das Volk gehe hinaus, doch lese es jeden Tag nur den Tagesbedarf auf" (Ex 16, 4). Moses sprach zu ihnen (im Auftrag des Herrn): „Niemand hebe davon bis zum Morgen auf!" (Ex 16, 19). Aber sie hörten nicht auf Moses, sondern einige Männer hoben davon bis zum Morgen auf. Da wurde es voller Würmer und roch übel. Moses aber wurde zornig auf sie. Von da an lasen sie es (das

Manna) *Morgen für Morgen auf, jeder nach seinem Bedarf.* So hatte Gott schon die Israeliten zur täglichen Übung des Vertrauens in das liebende Erbarmen des Vaters erzogen, da sie jeden Morgen für das tägliche Brot dankten.

Gottes Wille gereicht uns zum besten; Seine Gebote sind in jedem Falle weise durchdacht und sind immer tief begründet. Hätten die Israeliten soviel Manna sammeln können, wie sie gewollt hätten, so hätten die Starken sehr viel gehamstert. Je mehr sie gehortet hätten, desto größer wäre ihre Sorge für die Erhaltung des Vorrates geworden, ihre Aufmerksamkeit wäre auf irdische Güter abgelenkt worden, und sie hätten Gott vergessen, das Vertrauen wäre geschwunden, solange sie Vorrat gehabt hätten.

Christus verhielt sich wie der Vater. Er gab bei der Brotvermehrung den Auftrag, die Reste des Mahles zu sammeln. Er ließ die Juden kein Brot für sich behalten. Gewiß hätten geschäftstüchtige Juden die gehamsterten Brote an den folgenden Tagen für teures Geld verkauft. Zum Schluß hätten sie gesagt: Der Gang zum Nazarener hat sich gelohnt, haben wir doch ein gutes Geschäft gemacht. Was aber Christus lehrte, hätten sie schon bald vergessen. Christus sagte am andern Tag zu den Juden, die Ihm gefolgt waren: „Ihr sucht Mich nicht, weil ihr Wunderzeichen gesehen, sondern weil ihr von den Broten gegessen habt und satt geworden seid. Bemüht euch nicht um vergängliche Speise, sondern um die Speise, die bis *ins ewige Leben* bleibt, die der Menschensohn euch geben wird, denn Ihn hat Gott der Vater beglaubigt" (Joh 6, 26-27).

Wie sehr die Sorgen für den Lebensunterhalt von Gott ablenken, zeigt die Wohlstandsgesellschaft von heute. Je mehr sie besitzen, um so weniger denken sie an Gott, von danken schon gar nicht zu sprechen. Wer von den Reichen beherzigt noch die Worte Christi, die heute noch Gültigkeit haben: „Sammelt euch keine Schätze auf Erden, wo Motte und Rost sie verzehren, wo Diebe einbrechen und stehlen. Sammelt euch vielmehr Schätze im Himmel, wo weder Motte noch Rost sie verzehren, wo keine Diebe einbrechen und stehlen. Denn wo dein Schatz ist, da ist auch dein Herz" (Mt 6, 19-21).

Immer wieder mahnt Christus: „Ihr sollt nicht sorgen und fragen: ,Was sollen wir essen?' oder: ,Was sollen wir trinken?' oder: ,Womit sollen wir uns bekleiden?' Nach all dem trachten die Heiden. Euer himmlischer Vater weiß ja, daß ihr dies alles braucht. Suchet zuerst das Reich Gottes und Seine Gerechtigkeit, und alles wird euch dazu gegeben werden" (Mt 6, 31-33).

Diese Lehre wird von den Menschen von heute mit den modernen Lebensauffassungen nicht verstanden und als unrealistisch abgelehnt. Die fortschreitende Technik, das ängstliche Sorgen um Sicherheit, die Sicherung des Einkommens, das sich dauernd ändernde Wirtschaftssystem usw. halten den Menschen in Atem. Sein Blick, sein Sinnen und Streben werden vom Ablauf der Dinge um ihn beeinflußt, gelenkt, ja geschoben und gestoßen. Wenn sich eine freie Stunde bietet, ist es die Sehnsucht nach Unterhaltung und Vergnügen, die ihn vor den Fernsehapparat stößt oder sonstwohin, weil sein überforderter Geist eine Ablenkung, einen Ausgleich verlangt. Die Freude an Gott, an einem Zwiegespräch mit Ihm aus einer Bereitschaft der Ruhe wurde verdrängt, wurde überspült von einer Flut von Bildern und Zerstreuungen.

In diesem Zustand, dieser Verirrung beinan der ganzen Menschheit, diesem modernen Babel, an dem die Menschen immer weiter bauen, ungeachtet der Mahnungen, die Gott den Menschen zukommen läßt, haben sich die Menschen in ihren eigenen Teufelskreis versponnen. Sie sehen nicht mehr über sich hinaus, nur noch ihren Wettlauf um Geld und Besitz. Sie sind dem einfachen natürlichen Leben total entfremdet. Wie soll in diesem Trubel des Menschen Herz die feinen Schwingungen aus des Himmels Höhen noch aufnehmen können? Das zarte Instrument des menschlichen Herzens wurde mißbraucht; es kann nicht mehr auf die Wellenlänge der Stimme vom Vater eingestellt werden. Das helfende Mitwirken des Vaters in unserem Leben wurde von den Menschen selbst verunmöglicht. Das Versprechen Christi: „Suchet zuerst das Reich Gottes und Seine Gerechtigkeit, und das alles wird euch dazugegeben werden" (Mt 6, 33), haben sie nicht nur vergessen, sie glauben auch nicht daran, weil sie die Verbindung zum Vater selbst zerrissen haben. Christus wird übergangen, man hat keine Zeit für Ihn.

Christus klagt selbst einer Begnadeten (Marguerite, »Botschaft der barmherzigen Liebe an die kleinen Seelen«): „Wenn Ich zu ihnen komme, um ihr Herz, Seele und Sinn mit Mir selbst, mit aller Wonne und Liebe zu erfüllen, sind sie so zerstreut, so beschäftigt, in so viele Dinge verwickelt, durch so vielerlei Bilder, Träumereien und Vorstellungen befangen, daß Ich Mich, leider, betrübt von ihnen wieder abwenden muß. Sie wollen Mir nie auf ihre Kosten dienen, immer soll Ich Mir ihren Gehorsam gegen Mich entweder durch Tröstungen oder süße Gefühle im Gebete oder besondere Belehrungen und andere Gaben gleichsam von ihnen erkaufen." Die letztere Feststellung machte Christus bei solchen, die den Routinegang zur Kirche am Samstag oder Sonntag unternehmen und von sich selbst so eingenommen sind, daß sie glauben, damit für Gott mehr als genug getan zu haben. Sie täuschen sich. Sie sind so weit von Gott entfernt wie die anderen, die den Glauben an Gott verloren haben.

Und doch ist dauernd im Herzen jedes Menschen Christus, der barmherzige Gott, und wartet und wartet, bis der Mensch sich Seiner erinnert. Drüben in der Ewigkeit werden wir einmal erkennen, welchen Reichtum wir während des ganzen Lebens in unseren Herzen hatten, nämlich den unbegrenzt mächtigen Herrscher über alle Dinge und alle Welten, der dem Menschen Seine Herrlichkeit anbietet. Gegenüber dieser Herrlichkeit ist der Besitz der vergänglichen Werte des so kurzen irdischen Daseins nur wertlose Nebensächlichkeit und Tändelei. Gott im Herzen jedes Menschen bettelt um das Vertrauen zu Ihm. Aber der Mensch nimmt davon keine Notiz. Ja, drüben in der Ewigkeit werden wir klar sehen, welch unsinnigen Tanz die Menschen um das goldene Kalb des sogenannten Fortschritts aufführen. Selbst das Zeitmaß für das irdische Leben und das Leben einer endlosen Ewigkeit ging den Menschen verloren, weil sie vom Erdenzauber geblendet sind.

Christus erklärte den Aposteln die Vaterunser-Bitte „Unser tägliches Brot gib uns heute" auch im Hinblick auf die Überzeitlichkeit unseres Betens. Er wies darauf hin, wie der Vater die Menschen zu einem wahren Gotterleben führen will, wenn sie täglich beim Empfang der Nahrung dankend zu Ihm aufblicken. „Gib uns *heute*" will sagen: „Sei, o Mensch, des Augenblicks bewußt, des Jetzt, nicht der Vergangenheit, nicht der Zukunft, sondern des Jetzt (des Heute)." Die Menschen lassen sich vom Zeitgetriebe hetzen und betören, ohne wahrzunehmen, wie ihnen der Augenblick und damit die Zeit wie Sand zwischen den Fingern davonrinnt. Sie versäumen, den sichernden Anker aus ihrem Lebensschiff zu werfen, um die innere Ruhe zu finden. Stehe oft, o Menschenkind, im Leben still vor Gott.

Jetzt, in diesem Augenblick, stehe, o Mensch, vor dem großen Gott und bewundere Seine Überzeitlichkeit. Liebe Ihn aus freiem Herzen, ohne Zwang, aus dem *Liebesbedürfnis deines Herzens*, ohne Sorgen für morgen, in einem Akt der Hingabe. Die Priorität vor allem anderen, was nicht Gott ist, hat das Liebesgeständnis an den so gütigen Gott. Vater, führe Dein Kind zu einer Selbstausrichtung auf Dich allein, auf einen

Willenseinklang mit Dir. Lehre mich die Kunst, mitten im Lebensstrom dieser Zeit zu stehen und mich nicht wegspülen zu lassen. Lehre mich, dabei zu sein bei jeder Verpflichtung und doch mit dem Herzen dort droben bei Dir, dem Herrscher über das All, ganz nahe Deinem Herzen zu horchen, wie die Himmel Gottes Herrlichkeit preisen, Seine Überzeitlichkeit, wo das Leben durch keine Grenzen und Wandlungen mehr eingeengt wird, wo das Leben aller Zeitlichkeit entrückt ist in ein nie endendes „Jetzt". Christus wiederholt immer wieder den Willen des Vaters, daß Seine Kinder ebenfalls an Seiner Herrlichkeit teilnehmen.

Als Christus die Apostel das „Vaterunser-Gebet" lehrte, da leuchtete Sein Antlitz, und Er flammte förmlich in Liebe zum Vater. Das Vertrauen aus Seinem Herzen umflammte den Vater zu einer Einheit in einer Liebesglut. Die Apostel begriffen, wie sehr ein unerschütterliches Vertrauen dem Vater Freude bereitet. Es löst aus dem Herzen des Vaters einen Liebeserguß, der die Menschen teilnehmen läßt an Seiner Herrlichkeit. Die Apostel waren von den Worten Jesu zutiefst ergriffen, so daß ihr Herz die Wonne der Gottverbundenheit kostete. Sie gewahrten die Fülle der Herrlichkeit, die der Vater für uns bereithält, so daß ihnen vor übergroßer Freude die Tränen in die Augen traten.

* * *

Vergib uns unsere Schuld, wie auch wir vergeben unsern Schuldigern

Dimitte nobis debita nostra, sicut et nos dimittimus debitoribus nostris

Als Christus den Aposteln jede Bitte aus dem Vaterunser einzeln erklärte, waren sie davon überzeugt, daß Jesus gemeinsam mit dem Vater im Himmel zuvor jedes Wort in diesem großen Gebet auf den Liebeswillen des Vaters abgestimmt hatte, da Er die Menschen an Seiner Herrlichkeit teilnehmen lassen will. Es war eine große Liebestat des Vaters, denn mit diesem Gebet gab Er den Menschen die große Macht, als Seine Kinder gleichsam den Himmel auf die Erde herabzuziehen. Christus schüttete alle Schätze des Himmels vor die Apostel, als Er sie dieses Machtgebet lehrte. – Dann verspricht Er ihnen nachdrücklich: „Bittet, und es wird euch gegeben" (Mt 7, 7).

Wenn die Kinder Gottes diese Bitten mit Liebe und Vertrauen zum Himmel senden, gereicht das dem Vater zur großen Ehre und Freude. Dieses Gebet, mit der Liebe des ganzen Herzens und ganzen Gemüts dem Vater vorgetragen, hat eine Riesenmacht, weil der Vater diesen Bitten die Kraft Seines eigenen Willens eingegossen hat. Wenn aber dieses Gebet gedankenlos hergeplappert wird, wenn die Gedanken weit vom liebenden Vater entfernt sind, vielleicht schon den zu erwartenden Vergnügungen in der Welt nachgehen, dann ist das eine bittere Enttäuschung für den Vater, ja eine Beleidigung, ich möchte sagen, eine himmelhohe Verachtung gegenüber dem allmächtigen, gütigen Gott.

Christus sagte: „Beim Beten sollt ihr nicht plappern wie die Heiden, denn sie meinen, ihrer vielen Worte wegen erhört zu werden" (Mt 6, 7). Wenn ein Mensch das Vaterunser, ein so überaus des Vaters Liebe ansprechendes Gebet, das uns Christus, der Sohn Gottes, vermacht hat, gedankenlos daherplappert, so gleicht dieses Gebaren dem Verhalten eines geliebten Freundes, der uns begegnet, aber auf die andere Seite schaut, etwas in den Bart brummt, uns aber keines Blickes würdigt. Wir würden sagen, das ist charakterlos, treulos.

Wir geben uns viel zu wenig Rechenschaft über unsere Schuld. Christus sagte: „Über jedes unnütze Wort, das die Menschen reden, müssen sie am Tage des Gerichtes Rechenschaft ablegen. Denn nach deinen Worten wirst du für gerecht erklärt und nach deinen Worten verurteilt werden" (Mt 12, 36-37). Diejenigen, die behaupten: „Wir sind ohne Schuld, wofür sollen wir Buße tun", die verraten schon mit diesen Worten ihre Gleichgültigkeit gegenüber dem, was der Sohn Gottes für unsere Erlösung gelitten hat. Er litt, damit wir in der Ewigkeit ein Leben in Freuden ohne Ende erhalten sollen. Welch ein Kontrast: Dieser grenzenlosen Liebe des Vaters steht eine Gleichgültigkeit von schockierender Kälte gegenüber. Sie nehmen alles auf die leichte Schulter. Wäre ihnen ihr Seelenzustand bekannt, sie würden vor Schreck erstarren. Die dunkeln Tiefen der undankbaren Herzen werden erkannt werden, und die Strafe wird der Entzug der Liebe des Vaters auf ewig sein.

Im Himmel gibt es keinen Kompromiß. Liebe vom Vater kann man nur durch Liebe aus tiefstem Herzen auslösen. Diejenigen, die sagen: „Wir haben keine Sünde", strafen sich selbst der Lüge. Im ersten Johannesbrief lesen wir (1, 8): „Wenn wir behaupten, wir hätten keine Sünde, dann täuschen wir uns selbst, und die Wahrheit ist nicht in uns. Wenn wir unsere Sünden bekennen, dann ist Er treu und gerecht, so daß Er uns die Sünden erläßt und uns von jeglicher Ungerechtigkeit reinigt. Wenn wir behaupten, wir hätten nicht gesündigt, dann machen wir Ihn zum Lügner, und Sein Wort ist nicht in uns."

Der Vater will kein halbes Maß. Halbheiten können nie befriedigen. So viele Leute wiegen sich in falscher Sicherheit, Gott mit ihrem Gewohnheitskirchgang am Samstag oder Sonntag Genüge getan zu haben. Sie können sich aber nicht von ihrem Eigensinn lösen, ihre Laune hält sie gefangen. Ist dies Liebe zu Jesus, dem Sohn Gottes, der unter schrecklichen Schmerzen das Leben aus Liebe zu uns gab? Wenn dieser Gottmensch Jesus an ihrem Herzen anklopft und mehr verlangt, ein Opfer, so sträuben sie sich, das sei übertrieben. Man macht nur mit den Lippen ein Glaubensbekenntnis, auch das Wort Liebe hat man auswendig gelernt, aber das Herz ist weit von Gott entfernt. Man geht den Genüssen, den Bequemlichkeiten nach, befriedigt jede Begehrlichkeit, aber an einen Verzicht aus Liebe zu

Gott denkt man nie. Nur so hie und da, wenn man in seinen Wünschen enttäuscht worden ist, dann ruft man ein paar Liebesphrasen zu Gott, dann soll Er uns sofort helfen. Hört und erschreckt: Christus ist von solcher „Liebe" angewidert, denn diese Menschen machen die große Liebe lächerlich, die Er uns erwiesen, indem Er starb, um uns zu retten.

Christus will ganze, aufrichtig gelebte Liebe. Jede Tat, auch die geringste, soll aus Liebe zu Ihm ein voller Beweis der Liebe aus ganzem Herzen zu Ihm sein. Wir müssen unser Herz losschälen von allem, was nicht Gott ist. – Gott will das ganze Herz oder gar nichts. – Gott mißfallen die gleichgültigen Herzen, auch wenn sie Seine Gesetze nicht übertreten, wie die Herzen jener, die Seinen Gesetzen keine Beachtung schenken. Machen wir uns die Barmherzigkeit Gottes zunutze, solange Er uns noch Zeit gibt. Sehr bald könnten wir überrascht werden, und schon müssen wir vor dem Richter erscheinen, dann ist es für jede Entschuldigung zu spät.

Wenn wir dies überlegen, ach, wie groß ist unser Schuldenberg! Wie klein und hauchdünn ist unsere Liebe! Nicht nur beim Gebet sind wir ohne Liebe, ist unser Geist so oft fern von Gott. – Wann danken wir für das tägliche Geschenk des Lebens? Wir ignorieren täglich Seine Hand, die uns im Dasein erhält. Zieht Er Seine Hand zurück, fallen wir um wie ein Mehlsack und sind tot. Wir wissen um die Kürze unseres Lebens, aber mit gleichgültiger Miene gehen wir unseren Weg weiter. – Aber vor der Welt, vor der Macht und den Forderungen der Gesellschaft verneigen wir uns tief und lassen uns einspannen vom Widersacher Gottes in jede falsche Geistesrichtung, die verführend die Freiheit auf ihre Fahnen geschrieben hat, aber in die Lust und den Materialismus sich verkrallt, deren Pfade weg von Gott, schlußendlich zur Gottlosigkeit führen.

Ist diese Abkehr von Gottes Liebe kein Vergehen? Wie soll das Kind zum Vater, den es verlassen hat, ohne tiefe Reue und demütige Buße zurückfinden? Wir müssen zuerst das stolze Ich, die Eigenliebe, die Ehrsucht und die Selbstgefälligkeiten wie kitschige Tonfiguren zerschlagen, wegfegen und auf den Müll werfen. Dann erst können wir wieder wirklich frei zum Vater aufschauen. Dann wird das Händefalten zum Hinaufgreifen in die Hände des Liebe verschenkenden Vaters. „O Vater, vergib uns unsere Schuld!"

Die Gleichgültigkeit gegen Gott gebiert die Verharmlosung der Vergehen gegen Gottes Gebote. Viele setzen sich selbst als Richter ein und urteilen nach eigenem Gutdünken, ob eine Tat Sünde oder nicht Sünde ist. Sie selbst bestimmen, ob der Vater dieses oder jenes Gebaren der Menschen akzeptieren oder bestrafen soll. Jeder legt die Gebote aus, wie es ihm beliebt. Welche Verwirrung würde eintreten, wenn eine Religionsgemeinschaft auf so viele verschiedene Urteile hören wollte? Es gibt nur ein Gesetz dieses Gottes. Wie oft mußte Gott den Israeliten nach dem Auszug aus Ägypten wiederholen: „Ich bin euer Gott!" Wie oft haben die Israeliten das Gesetz dieses Gottes mißachtet! Wie oft sind sie dafür schwer bestraft worden!

Jeder Mensch sollte aus der Geschichte lernen. Jeder Mensch sollte sich öfter Rechenschaft geben, wie er vor Gottes Gericht, vor Seinem Gesetz, vor dem einen Gott bestehen wird. Schauen wir etwas genauer zu, so stellen wir fest, daß nebst dem Hang zur Bequemlichkeit und dem Mangel an Opfergeist der Stolz, dem so viele Menschen verfallen sind, die eigentliche Triebfeder ihres Handelns ist. „Stolz ist schlimmer als der körperliche Tod. Er bedeutet Tod und Verderben für die Seelen und ruft die Strafe Gottes auf sie herab" (Worte Jesu an Marguerite, siehe Literaturverzeichnis).

Die Bitte um Vergebung unserer Schuld ist mit dem Versprechen gekoppelt: „Wie auch wir vergeben unseren Schuldigern." Der Vater weiß, daß wir über unsere Fehler viel milder urteilen als über die genau gleichen Fehler bei anderen Menschen. Mit dieser Vaterunser-Bitte zwingt uns der Vater nicht nur, zu vergleichen und dadurch die Größe unserer Schuld gerecht zu ermessen, sondern auch die Schuld des anderen restlos zu vergessen. Wer in der Kirche das Vaterunser zu Gott gesprochen hat und nachher mit dem gleichen Groll im Herzen wie zuvor weiterlebt, der vervielfacht die Schwere seiner eigenen Schuld.

Nebst manch anderen Fehlern sei noch auf einen scheinbar kleinen Fehler hingewiesen, dessen Schwere wir uns aber viel zu wenig bewußt werden. Es ist die „üble Nachrede", die gar so leicht zur Verleumdung führt. Vernehmen wir etwas Böses von einem Menschen, so drängt uns eine satanische Lust dazu, die Neuigkeit anderen mitzuteilen. Ob es das Bedürfnis ist, sich bei anderen Menschen beliebt zu machen, denen man die Nachricht zuflüstert, oder ob es Leichtsinn oder Sorglosigkeit ist, ändert nichts an der Tatsache, daß, wer dem Nächsten den guten Ruf stiehlt, eine schwere Sünde begeht.

Wer etwas gestohlen hat, kann nur dann auf Verzeihung hoffen, wenn er das Gestohlene wieder zurückgibt. Wenn aber der gute Ruf gestohlen wurde und die böse Neuigkeit sich schon wie ein Lauffeuer verbreitet hat, wie kann da das Gestohlene zurückgegeben werden? Verleumdung gleicht dem Mord: Sie tötet die Ehre! – Es kann auch sein, daß man überzeugt ist, beim anderen Dinge entdeckt zu haben, die es aber in Wirklichkeit gar nicht gibt.

Jeder, der Kenntnis von etwas Bösem erhält, darf die Person, der das Böse angelastet wird, warnen. Er muß sich aber vergewissern, ob der Person wirklich die böse Tat angelastet werden kann. Manchmal steckt nämlich gar keine böse Absicht hinter einer „bösen" Tat. Wenn wir von einem Mitmenschen nichts Gutes sagen können, ist es besser zu schweigen.

Sind wir aber selber das Opfer einer üblen Nachrede geworden, und bäumen wir uns darüber in Zorn und Haß auf, so sollten wir erkennen, daß es dem Satan gelungen ist, uns aus dem Gleichgewicht zu bringen, denn wenn wir toben, können wir nicht gleichzeitig Gott und den Nächsten lieben, und darauf zielt des Satans raffinierter Plan.

Um aus dieser Unruhe herauszukommen, gibt es einen sicheren Ausweg. Machen wir es wie die Kinder, die sich gestritten haben: Sie eilen zur Mutter. Ihre Liebe zu beiden Kindern läßt sie mit Liebe schlichten und trösten. Öffnen wir doch unser Herz der Liebe aus dem Vater; wir alle sind ja Seine Kinder. Je mehr wir unser Ich zurücksetzen, den Stolz und damit das Kriegsbeil begraben, um so mehr fließt des Vaters Liebe in unser Herz, bringt Ruhe und Zufriedenheit. Ein Glück des Friedens, als wär's von Engeln uns gebracht, läßt uns die reine Freude kosten.

Je mehr Liebe wir zum Vater zurückstrahlen, desto mehr sieht unser Auge mit reiner Liebe die Menschen, die mit uns leben, und unser Herz wünscht weiterzuschenken, was es vom Vater im Überfluß erhalten hat und es so namenlos glücklich macht.

Nun ist das Unrecht vergessen und vergeben, das wir von anderen Menschen so sehr empfunden haben, das so ähnlich dem Unrecht ist, das wir gegenüber dem Vater selbst verbrochen haben. Liebt euren Gott im Herzen eures Nächsten! Nur wenn wir zuvor Gott lieben aus ganzem Herzen und diesen Gott im Herzen des anderen lieben, üben wir wahre Nächstenliebe.

Das Kreuz Christi, das Zeichen des Christen, hat einen vertikalen Balken, das ist die Liebe zum Vater, und einen horizontalen Balken, das ist die Liebe zum Mitmenschen. Wenn wir die Nächstenliebe ohne die Liebe aus ganzem Herzen zu Gott üben, dann reißen wir die Horizontale von der Vertikalen, so ist das Kreuz, das Zeichen des Christen, zerstört. Die sogenannte Mitmenschlichkeit steht allein und hat die Vertikalkraft, die vom Vater kommt und zum Vater führt, verloren. Sehr bald werden Unordnung und Auswüchse diese Mitmenschlichkeit zersetzen. Wenn die Liebe zum Vater fehlt, verfallen wir der Nächstenliebe-Heuchelei oder es ist nur eine Triebesliebe. Wie oft wird das Wort Liebe mißbraucht! Darum verlangt Gott: Du sollst Gott lieben aus ganzem Herzen und deinen Nächsten lieben wie dich selbst, weil Gott selbst im Herzen jedes Menschen wohnt. Selbst in den Herzen Seiner Feinde wohnt Gott. Er wartet und wartet auf eine Umkehr bis zum letzten Herzschlag. Wehe der Seele, die nach dem Tode erkennen muß, welches Glück sie versäumt hat. Wehe aber auch uns, wenn wir dieser Seele nicht verziehen haben. Vergib uns unsere Schuld, wie auch wir vergeben unseren Schuldigern.

* * *

Führe uns nicht in Versuchung

Et ne nos inducas in tentationem

Der deutsche Text könnte leicht zu der irrigen Auffassung verleiten, daß Gott uns in die Versuchung führt. Gott ist aber nur Liebe und will für uns immer nur das Beste, niemals führt Er zur Sünde, also gegen Ihn. Das hat der heilige Apostel Jakobus in seinem Brief bezeugt (1, 13-14): „Keiner sage, wenn er versucht wird: ‚Ich werde von Gott versucht.' Denn Gott kann nicht zum Bösen versucht werden; Er versucht aber auch selbst niemanden."

Die Versuchung gleicht einer Wanderung auf einem hohen Berg. Zu beiden Seiten gähnen die Abgründe. Wir flehen zu Gott, Er möge uns bei dieser Prüfung beistehen und nicht fallen lassen.

Gott Vater ließ es zu, daß Jesus in der Wüste vom Satan versucht wurde. Beim Reinsten aber, der ohne jeden Fehler war, konnte der Satan nichts ausrichten. Der Satan begehrt, die Menschen zu Fall zu bringen. Dies gelingt ihm nur dann, wenn er die Menschen zur Verletzung der Gebote Gottes, somit zur Abkehr von Gott und zum Abweichen vom sicheren Weg, verführen kann. Wir müssen aber Gott bitten, uns die Kraft zu geben, der Versuchung zu widerstehen. Mit dieser Vaterunser-Bitte bestürmen wir Gott, uns zu helfen, damit wir der Versuchung nicht erliegen. Gott möge uns aus der Versuchung herausführen und niemals fallen lassen.

Es wäre aber eine gefährliche Vereinfachung, würden wir für jede Versuchung den Satan allein verantwortlich machen, um beim Versagen die Schuld ihm zuzuschieben. Sehr oft kommt die Versuchung aus unserem eigenen verdorbenen Grund. Schon Tauler lehrte seine Schüler mit diesen Worten. Er sagte, und dies zu Recht: Wenn wir der Versuchung genauer ins Gesicht schauen, so erkennen wir daraus das Bild früherer Sünden, denen wir schon oft erlegen sind. Die Schwäche zu dieser sündigen Neigung haftet an uns und will den Widerstand gegen die Sünde lähmen. Je öfter wir dieser Sünde schon erlegen sind, um so frecher und eindringlicher tritt die Versuchung gegen uns auf. Der Kampf, bei dem das Gewissen und der Verstand sich gegen die Anziehungskraft des verlockenden falschen Weges stemmen, dauert oft lange.

In allen unseren Lebenslagen dürfen wir nicht vergessen, daß die Herrlichkeiten beim Vater uns nicht ohne Opfer, Kampf und Leid in den Schoß fallen. Es ist gut so, denn gäbe es kein Ringen um den Verbleib in der Gotteskindschaft und würden wir vom irdischen, zügellosen Leben nur so in die Ewigkeit hineindudeln, so wäre dieses Leben in der Ewigkeit ein wertloses, farbloses, steinernes Dasein ohne Liebe und daher ohne Teilnahme an der Herrlichkeit des Vaters. Wir wären dann nicht Seine Kinder, nicht mehr als Steine in einem Berg.

Es gab Heilige, die ihr ganzes Leben schrecklichen Versuchungen ausgesetzt waren. Der heilige Petrus schreibt: „Durch mancherlei Prüfungen Trübsal erduldet, damit die Erprobung eures Glaubens, viel kostbarer als vergängliches Gold, das durch Feuer erprobt wird, sich erweise zu Lob und Herrlichkeit und Ehre bei der Offenbarung Jesu Christi" (1 Petr 1, 7).

Wir müssen uns sehr in acht nehmen; der Geist der Welt ist heuchlerisch und heimtückisch. Die Täuschung folgt uns überall. Es ist kein Aberglaube, sondern bittertraurige Wahrheit, daß selbst hinter harmlos erscheinenden Vergnügungen und Genüssen eine verführerische Macht steht, die unseren Geist ablenken will und uns daran hindert, daß wir uns Gott nähern. Wir verlieren dann die Zeit, werden müde und sind nicht mehr fähig, mit Gott ein Zwiegespräch zu führen, Ihm zu danken und Ihn zu lieben. Man möchte wohl Gott lieben, jedoch der Welt und ihrem Geist nicht entsagen. Mit der Täuschung, daß ja alles erlaubt sei, daß wir ja mündige Christen seien, bietet die Welt den Prunk, die Verschwendung, die Behaglichkeit und die Befriedigung aller Lüste und Wünsche an.

Aber dieser Lebensweg führt niemals zu Gott. Man kann nicht in allem seine Befriedigung haben und zugleich der Liebe Christi genügen. Ebenso sicher wie eine einzige Todsünde den Himmel verschließt, werden die Gleichgültigkeit und die Anhänglichkeit an die Welt die Pforte des Himmels verriegeln.

Um bei Gottes Herrlichkeit zugelassen zu werden, müssen wir alle Tage des Lebens gegen die Versuchung kämpfen, uns losschälen von allem, was nicht zu Gott führt. Gott kennt unsere Schwächen; Er sieht in unser Herz; nichts ist Ihm unbekannt; Er ist gerecht bis ins

Kleinste. Er mißt auch den Wert unseres Kampfes in der Versuchung. Der heilige Apostel Jakobus schreibt: „Heil dem Mann, der in der Anfechtung standhält, denn wenn er sich bewährt, wird er den Kranz des Lebens empfangen, den der Herr denen verheißen hat, die Ihn lieben" (Jak 1, 12).

Gott richtet nach der Liebe, die wir zu Ihm gehabt haben. Derjenige aber, der sich selbst entschuldigt: „Was ich tue, ist nicht verboten. Ich tue niemandem etwas Schlechtes. Man muß doch leben. Wenn ich nur am Samstag oder Sonntag in die Kirche gehe, wenn ich dabei der Caritas und noch andern Fürsorgewerken etwas gebe, bin ich ein guter Christ und bestimmt Gott wohlgefällig." Der sich so entschuldigt, sieht den Himmel als eine billige Ware. All denen wird Gott antworten: „Ihr seid mir nicht wohlgefällig, ihr ekelt Mich an, denn was ihr tut, tut ihr nur, um nicht bestraft zu werden. Wenn ihr Mich nicht mehr liebt als Vater, Mutter, Brüder, Schwestern, gefallt ihr Mir nicht, und wenn ihr aus Liebe zu Mir nicht allen euren Befriedigungen, euren Lüsten, euren Vergnügungen entsagen könnt, mißfallt ihr Mir, und ich werde euch fern von Mir verstoßen."

Bedenken wir, Gott will uns nicht zwingen, Ihn zu lieben. Der Mensch hat einen freien Willen. Gott will, daß wir Ihn aus uns selbst, ohne Zwang lieben, weil Er der einzige ist, der würdig ist, unser Herz zu besitzen.

Es bedarf großer Anstrengungen, bis wir uns losgeschält haben von unseren schlechten Gewohnheiten. Lassen wir den trügerischen Glanz aus dem Blendwerk der Gedanken verlöschen. Mit der Größe des Opfers wächst die Freude an Gott. Das Liebesfeuer zum Vater zu entfachen, ist eine Gnade, um die wir bitten müssen, denn nicht einmal dazu bringen wir es ohne Gottes Hilfe.

Der Anfang aller Schuld ist der ungeordnete Gedanke. Wie ungeordnet sind oft unsere Gedanken! Wie unvernünftige Tiere folgen sie blind den Verlockungen, den Begierden der Sinne und verfallen dem Sog der Leidenschaften. Lassen wir die Gedanken zügellos fahren, werden wir sehr bald das Opfer ihres Blendwerkes und gehen in die Irre, wir wollen dann genießen und herrschen. – Jesus überwand die Versuchung durch Demut und Verzicht auf allen Glanz und Besitz, den der Satan Ihm anbot. – Nur durch Demut kann der Versucher besiegt werden und erhalten die Gedanken die Ordnung zurück. Wie Jesus vom Satan versucht wurde, so bleibt dies Bild für alle Zeiten. Auch alle, die Jesus nachfolgen, werden oft mit dem Bösen konfrontiert.

Der Preis ist immer derselbe: der Abfall von Gott, Ungehorsam gegen Gott und dafür Gehorsam dem Widersacher.

Der Widersacher will uns zum Treuebruch verführen. Er weiß, daß die Treue eine Tugend ist, die ins Paradies führt. Das Vaterunser ist das erhabenste *Treue-Gebet*, das Jesus dem Vater darbrachte und uns beispielhaft vorlebte. Treue zum Vater war in jeder Situation in Seinem Leben oberster Leitsatz, angefangen von der Versuchung Satans in der Wüste bis zum

Erfüllen des heiligen Willens des Vaters im Tod am Kreuze.

Die Liebe hat als Stütze die Treue, und die Treue wiederum stützt sich auf die Liebe. Alle Gebote, die Christus verkündete, drücken ein Treuebekenntnis, einen Treueakt und eine Treuehaltung aus.

Treue gebot der Herr dem Volke Israel am Sinai *zum einen Gott*. Der Kult der Götter, welche die Völker rings um Israel verehrten, mit dem ausschweifenden Leben, war für die Israeliten sehr verführerisch. Der Herr versprach für die Treue auch gleich Seine Treue: „So wisse, daß der Herr, dein Gott, der Gott ist, der *unvergängliche Gott. Er bewahrt den Bund* und die Huld bis ins tausendste Geschlecht denen, die Ihn lieben und Seine Gebote halten" (Gen 7, 9). Christus bekräftigt in Seiner Lehre die Treue zum einen unveränderlichen Gott: „Glaubt nicht, Ich sei gekommen, sie aufzuheben, sondern sie zu *erfüllen*. Denn wahrlich, Ich sage euch: Bis Himmel und Erde vergehen, soll nicht ein Jota oder ein Häkchen vom Gesetze vergehen, bis alles vollendet ist. Wer daher eines von diesen kleinsten Geboten aufhebt und so die Menschen lehrt, wird der Geringste im Himmelreiche heißen. Wer sie aber hält und lehrt, wird groß im Himmelreiche heißen" (Mt 5, 17-19). Wie oft beschwört Er die Zuhörer, dem Vater die Treue zu halten. Das Vaterunser ist die von Christus vorgelebte Treue zum Vater. Das erste Wort „Vater", mit Liebe aus dem Herzen gesprochen, ist ein Treueschwur.

Die Liebe des Vaters bettelt in unserem eigenen Interesse um die Treue, weil Er uns ewig bei sich glücklich machen will. Der Lohn für die Treue, den der Vater verspricht, ist unaussprechlich schön. Er selbst ist der Inbegriff der Treue. Der Vater wartet mit Seiner Liebe und Seiner unübertreffbaren Treue, bis unsere Zeit abgelaufen ist. Der Vater bleibt jedem Menschen treu bis zu seinem letzten Herzschlag, auch wenn wir Ihn noch so oft übergangen, Seine Liebe verschmäht, ja Ihn beleidigt haben und Ihm untreu geworden sind. Warum verlassen wir so oft unseren *treuesten Freund Jesus* und vergessen Seine Worte, vergessen das Liebesgespräch mit Ihm? Untreue zu Ihm, der uns in keiner Sekunde verläßt, muß unserem lieben Bruder doch sehr weh tun. Trotzdem liebt Er uns und wartet, bis wir Seine Liebe mit dem Geschenk unseres von Liebe erfüllten Herzens erwidern.

Dies ist keine Schwärmerei; es ist die logische Folgerung aus den Lehren unseres Erlösers. Einer Begnadeten sagte Jesus: „Vergiß nicht, daß man Mich, genau wie dich, für einen Schwärmer hielt." Als die Apostel von den Pharisäern beschuldigt wurden, die gleichen Vergehen mit ihrer Lehre zu begehen wie der verurteilte Nazarener, freuten sie sich, die gleichen Leiden, die gleichen *Verachtungen* wie Jesus ertragen zu dürfen.

Bei all diesen Überlegungen müssen wir mit Mut und großem Vertrauen daran gehen, unser Leben ganz auf Gott auszurichten. Lassen wir uns von niemandem beeinflussen, und wenn sich manche Redner noch so gescheit vorkommen und wähnen, den früheren Jahrhunderten wegen den Fortschritten in der Wissenschaft und den gemachten Erfindungen überlegen zu sein, ja selbst die Lehre Christi neu interpretieren zu müssen, *Christus war, ist und bleibt derselbe.* Er ist die Treue. Die Lehre Christi, Seine Worte bleiben immer, sie ändern sich nie. Es gibt auf Erden kein Recht, das die Rechte Christi bricht. Die Seele, die Gott uns gegeben hat, müssen wir heil heimbringen zu Dir, o Gott. Das ist nur möglich auf dem Weg der Demut und Treue, wie Jesus durch Demut und Treue zum Vater den Stolz des Satans besiegte.

Sucht mit Gott vertraut zu werden, Er sei eures Herzens bekanntester Freund. Wenn aus innigster Liebe zum treuen Begleiter, Christus, auf etwas verzichtet wird, und wenn es noch so weh tut, erstarkt in dieser Seele eine beglückende Liebe. Gehen wir Seite an Seite mit Christus durch den Tag und sprechen wir mit Ihm. Er hört jedes Wort; Er ist ja unmittelbar neben uns. Überlassen wir uns gänzlich Ihm, dann erleben wir die Freude über den hellen, strahlenden Morgen Seines Reiches, der anbricht. Diese Worte sind keine Täuschung; sie bleiben ewig wahr; sie sind herrlichste, beglückende Verheißung. Nicht in Furcht sollen wir leben, sondern in Liebe, mit Vertrauen und freudiger Erwartung, denn wir vertrauen auf den Mächtigsten, den Größten, unseren Gott, der über allen Zeiten thront und Sein Wort einlöst. Das ist gewiß. O laß uns nicht in der Versuchung fallen!

* * *

ERLÖSE UNS VON DEM BÖSEN

Sed libera nos a malo

Der Inhalt dieser letzten „Vaterunser-Bitte" wird von vielen Betern zu wenig gewürdigt. Meistens denkt man nur an ein Befreien von Übeln wie Krankheit, Ungemach, Unglück in der Familie, im Geschäft, Mißgeschicke usw. Gott möge alle Hindernisse und Schwierigkeiten wegräumen und uns Wohlstand und Glück schenken. Selbstverständlich dürfen und sollen wir Gott alle unsere Anliegen vortragen und um Hilfe bitten.

Nebst den materiellen Sorgen dürfen wir aber das Heil unserer Seele nicht vergessen. Sie ist das höchste und wertvollste Gut, das es zu pflegen gilt. Alle obengenannten Übel sind nicht so schwerwiegend wie ein Unheil, das der Seele droht, denn solches Übel raubt ihr das ewige Leben. Ja, jene Übel können sich sogar als Heilmittel für eine kranke Seele erweisen. Die Sorge des Vaters für jede einzelne Seele ist so groß, ihr Wert so kostbar, daß der Vater Seinen Sohn zur Rettung der Seelen zur Erde sandte. Der Sohn Gottes lenkte den Blick der Menschen zum Vater im Himmel, weg von all den Dingen, an denen sie kleben, die sie in diesem so kurzen Leben gefangen halten. Er lehrte sie, wie sie zur Ehre des Vaters ihr kurzes Leben der Prüfung auf Erden gestalten sollen. Es ist der heilige Wille des Vaters, daß die Menschen durch das Feuer der Prüfung gehen, wie man das Gold läutert im Schmelztiegel.

Gut und Böse, Heil und Übel sind auf dieser Welt so nah beieinander. Das Böse begegnet uns in immer neuen Gestalten und trägt immer andere Masken. Das Böse wirft seinen Schatten auf unseren Lebensweg, ein Ausweichen ist oft unmöglich. Wir müssen uns mit dem Bösen auseinandersetzen, und wie wir damit fertig werden, darauf kommt es an. Lassen wir uns sorglos und leichtfertig gehen, gleicht unser Gehen einer Gratwanderung mit verbundenen Augen: Früher oder später stürzen wir ins Unheil. Flüchten wir, so holt uns das Übel sicher ein. Kämpfen wir mit den Waffen des Zornes und des Stolzes, so werden wir von des Teufels Strick zu Fall gebracht, von ihm genarrt, weil wir uns selber wund geschlagen haben.

Es gibt wohl ein Geheimnis, wie wir unser Lebensboot durch dieses Meer der tausend Gefahren steuern müssen. Das Geheimnis ist ein Lotse, dem wir vertrauen können. Glücklich derjenige, der neben sich diesen Lotsen, den Berater, den treuesten Freund weiß. Es ist der Sohn des Allmächtigen, der König höchster Weisheit: Jesus Christus. Unser Vertrauen zu Ihm muß mit jedem Tag mehr wachsen, bis eine starke Liebe daraus erblüht. Seine Liebe zu gewinnen ist unsere ganzheitliche Liebe wert. Das Kreuz, das Er uns bittet zu tragen und damit Ihm zu folgen, ist das Siegel der Sicherheit und der Preis Seiner Liebe. Nur wer dieses Liebesfeuer im Herzen trägt, kann dieses Geheimnis verstehen. Er steht dann unversehens am Ufer eines Ozeans der Liebe aus dem Vater und dem Sohne. Gewaltig die Wogen ohne Ende, unendlich die Weiten dieser Weisheit, mächtig das Licht, die Herrlichkeit des strahlenden Bogens über den Wassern.

Das ist keine Fata Morgana, sondern reale Wahrheit, die herrlichste Verheißung von Christus für jeden, der Ihm sein volles Vertrauen schenkt. Solches Vertrauen wird nie enttäuscht werden.

Christus beschließt das Vaterunser mit der Bitte an den Vater um Erlösung aus der Umklammerung vom Bösen. Er sieht Seines und des Vaters Triumph über das Böse voraus: Das Werk Seiner grenzenlosen Liebe zu den Menschen. Es ist die Erlösertat Christi durch Seinen Kreuzestod. Wenn wir beten, so werden uns die Verdienste dieses Erlösungsopfers vom Vater zuerkannt, und dies den Menschen aller Jahrhunderte. Das Kreuz allein ist unser wahrer Kompaß. So sehr liebte der Vater die Menschenkinder, daß Er für Seinen Sohn den schrecklichsten und schmerzvollsten Tod, den Tod am Holz der Schmach wählte.

Schon viel ist über den Erlösertod Christi geschrieben und gesprochen worden, aber noch nie vermochte ein Mensch ganz auszudenken, welch folgenschwere Auswirkungen für alle Zeiten im Willensentschluß des Vaters verborgen sind, wenn der von Ewigkeit zu Ewigkeit alles Sein tragende Gott Seinen Sohn, der Menschengestalt angenommen hat, von Seinen Geschöpfen, die Er erschaffen hat, kreuzigen läßt. Nicht nur muß der Urversucher zum Bösen, Satan, eine ungeheure Macht besitzen, daß ihm Gott eine so große Tat gegenüberstellt, sondern es muß sich auch, und das ist das so himmelhoch Beglückende, eine alles überstrahlende und überflutende Liebe aus Gottes Herzen ergießen, von der sich kein Mensch weder eine Vorstellung machen noch eine erschöpfende Erklärung geben kann. Gott wollte den Menschen, *die guten Willens* sind, Anteil geben an Seiner Herrlichkeit für immer und ewig. Es muß diese Herrlichkeit unvorstellbar groß sein, wenn der Preis dafür vom Sohn Gottes selbst mit solchen Qualen bezahlt werden muß.

Ein einziger Tropfen Seines Blutes hätte genügt, um die ganze Erde in ein Paradies zu verwandeln. Warum mußte der Sohn Gottes so gemartert werden? Dieses „Warum" kann kein Wesen auf der geistigen Ebene des Menschengeschlechtes weder jemals ganz in seinen Dimensionen begreifen noch beantworten. Sicher aber ist, daß der Mensch, von Gott Vater erschaffen nach Seinem Ebenbild, eine so *hohe Würde* als Kind Gottes innehat, daß darüber alle Engel des Himmels staunen. Staunen erfaßt die Engel ob der Liebe, die Gott zu Seinem Geschöpf in Seinem Willen und Seinen Taten zum Ausdruck bringt. Auf welch hohe Stufe erhebt der Vater die Seele des Menschen im Himmel, und wie liebevoll stattet Er sie aus. Dies führte zum Fall Luzifers, des höchsten Fürsten der Engel, als Gott ihm Seinen Willensentschluß im voraus mitteilte. Luzifer wollte diese Erniedrigung und Verdemütigung des „Himmlischen Hofes" nicht mitmachen. Seitdem ist er der Feind aller Wesen auf allen Gebieten der Erde, Feind aller Seelen, die einen so hohen Anteil an Gottes Herrlichkeit erreichen können.

Noch eine Frage an die Menschheit drängt sich auf, wenn wir das Drama auf Golgotha betrachten. Warum haben die Anwesenden, ob Volk oder Pharisäer, nicht erkannt, daß hier wahrhaftig der Sohn Gottes gequält wird? Schon bei der Geißelung hätten sie stutzig werden sollen. Eine römische Geißel hatte an zwei Stricken je drei kantige Bleiklumpen. Im Leichentuch von Turin konnten 600 Wunden gezählt werden, die von der Geißelung herrühren. Jesus erlitt somit ca. 100 Schläge. Römern wie Juden war bekannt, daß so viele Schläge römischer Art zum Tode führen. Gott Vater mußte während der Geißelung ein Wunder wirken, um Christus am Leben zu erhalten.*

Warum haben die Pharisäer, die doch sehr große medizinische Kenntnisse hatten, nicht erkannt, daß Gott Vater mit Christus, Seinem Sohn, war? Warum ist es den Pharisäern nicht aufgefallen, daß Christus noch sprechen konnte, und zwar vom Kreuzberg herab, nachdem Er, nach der tödlichen Geißelung, unter der Last des Kreuzes dreimal gefallen war, jedesmal, weil das Herz überfordert war, und Gott Vater Ihn nicht hat sterben lassen?

---

* Die begnadete Äbtissin M. C. Baij (1694-1766) beschreibt in dem Buch »Mein Leben für dich«, Seite 105, die Geißelung Jesu, wie Christus ihr diktierte, u. a.: „Ich (Jesus) wäre gestorben, wenn der Vater nicht das Wunder gewirkt hätte, Mich am Leben zu erhalten, damit Ich noch mehr leiden könnte." (Der Druck dieses Buches wurde von den Päpsten Benedikt XV., Pius XII. und Johannes XXIII. gefördert.)

In Rußland, wo Geißelungen bis ins 20. Jahrhundert vollzogen wurden, wußte man, daß ein Mensch nach 25 Schlägen kein Wort mehr sprechen kann, er kann nur noch lallen. (Man lese z. B. Tolstoj, »Auferstehung«.) Christus spricht aber zum Schächer: „Heute noch wirst du bei Mir im Paradiese sein." Diese Worte, auch in aramäischer Sprache, verlangen Zungen- und Lippenbewegungen, die für einen Sterbenden nicht mehr möglich sind.

Warum haben die Pharisäer nicht die Folgerung gezogen, sind auf die Knie gefallen und haben den Gottessohn um Verzeihung gebeten? Es gibt nur eine Antwort: Der Stolz hat sie geistig blind gemacht und ihre Herzen versteinert. Der Satan flößt den Stolz in die Menschen, die er als seine Knechte erwählt. Durch alle Jahrhunderte bis heute haben sich viele Menschen vom Stolz verblenden und irreführen lassen. Hier zeigt sich, welch schlimme und folgenschwere Sünde der Stolz ist. Die Tugend wahrer Demut, das beste Heilmittel gegen den Stolz, scheuen sie und spotten darüber. Wahrhaftig, das Böse, das uns schaden kann, trägt die Uniform des Stolzes. Das Kleid der Demut gleicht dem zerfetzten Körper des Erlösers.

Je mehr wir Jesus mit Liebe und tiefer Ergriffenheit bei Seinem Leiden betrachten, um so mehr weitet sich der geistige Horizont für unsere Sicht in das Geheimnis der Liebe aus dem Herzen des Vaters. Wir fühlen uns so klein und nichtig vor Gott wie der Staub auf der Straße, dennoch erwärmt uns der Sonne Strahlen. – Dennoch liebst Du uns, o Gott. – Erlöse uns von dem Bösen!

Wie oft dachten wir, Gott möge von uns alles abwenden, was unserer Wohlfahrt und unserem Vergnügen entgegen ist. Wie klein ist unser Denken! Es dreht sich immer nur um unser Ich. Die Sonne der Liebe unseres Erlösers sehen wir nicht, die uns die Herrlichkeit des Himmels geben und uns darum vor dem Bösen bewahren und erlösen will. Solche Gedanken verdrängen wir aus unserer Vorstellungswelt. Welch eine Diskrepanz, welche Zerrissenheit ist in unseren Herzen! Jesus wußte um die Schwächen unseres Herzens, darum betete Er noch im Abendmahlssaal für die Jünger und uns alle: „Heiliger Vater, bewahre sie in Deinem Namen. Ich bitte nicht, sie aus der Welt wegzunehmen, sondern sie vor dem Bösen zu bewahren" (Joh 17, 11. 15).

Das Unbegreifliche geschah, der vom Heiden als unschuldig erklärte König starb unter schrecklichen Qualen am Kreuze, ohne auch nur mit einem Wort zu protestieren. „Da riß der Vorhang des Tempels von oben bis unten entzwei, die Erde bebte, die Felsen zersprangen. Als der Hauptmann und seine Leute, die mit ihm Jesus bewachten, das Erdbeben und die sonstigen Vorgänge sahen, fürchteten sie sich sehr und sagten: ‚Der war wahrhaftig Gottes Sohn'" (Mt 27, 51-54). Also mußte ein Fremder, dazu ein Heide, die offizielle Feststellung machen, daß soeben am Kreuz der Sohn Gottes zu Tode gemartert worden sei.

Nun öffnete sich der Himmel für Milliarden Menschen der folgenden Jahrtausende. Johannes, der Liebesjünger, berichtet: „Einer der Soldaten durchbohrte Seine Seite mit einer Lanze, und sogleich kam *Blut und*

Wasser heraus" (Joh 19, 34). Johannes mißt dieser Öffnung der Seite des Herrn eine sehr hohe Bedeutung zu. Er fügt seinem Bericht einen besonderen Satz hinzu: „Der es gesehen hat, ist Zeuge davon geworden, und sein Zeugnis ist wahr. Er weiß, daß er die Wahrheit sagt, damit ihr glaubt" (Joh 19, 35). Aus dem Herzen des Gottes Sohnes, das nur Liebe für uns bereit hatte, floß Blut und Wasser heraus!

Jesus, der wahre Gottessohn, nannte sich selbst den Menschensohn. Er war *Gott und Mensch*. Aus der Seite des Herrn floß Blut und Wasser, das ist die Geburt der Kirche. Das Blut weist auf Seine Gottheit hin. Das Wasser, das Urelement allen Lebens auf der Erde, weist auf die Menschheit Jesu hin. Das Wasser, der Träger des Lebens, die Menschen, und das Blut, die Gottheit, vom Vater ausgegossen vom Kreuze herab über die Menschen der ganzen Erde, sie bilden zusammen die Kirche Christi. Die Menschen, die von Christus erwählten Apostel und ihre Nachfolger, die geweihten Priester, erhielten im Abendmahlssaal die Vollmacht, Brot in Seinen Leib und Wein in Sein Blut zu verwandeln. Das Geschehen im Abendmahlssaal und auf Golgotha ist eng miteinander verbunden. Die Einsetzung des Sakramentes des Altars und das Opfer auf Golgotha kann man nicht voneinander trennen. Der Sohn Gottes begnügt sich nicht, durch Seinen Tod am Kreuz das Böse, die Macht Satans, zu besiegen. Er will bei den Menschen bleiben und ihnen Seinen Leib und Sein Blut aus der geweihten Hand des Priesters zur Speise geben. „Ich werde bei Euch bleiben bis an das Ende der Welt", so hat Christus verheißen. Eine solche Liebe kann kein Mensch erfinden, sie kann nur der Vater aus Seinem unbegreiflichen Liebeswillen hervorquellen lassen.

Die Kirche vermittelt uns den Leib und das Blut, den Sohn Gottes, den wir in unser Herz aufnehmen dürfen. Ein engeres Liebesband gibt es nicht. Wer diese Liebe nicht erwidert, mißachtet den Sinn seines eigenen Lebens. Am Ende steht er mit leeren Händen vor Gott. Am Ende unseres Lebens zeigt Christus Seinen mit blutenden Wunden übersäten Körper am Kreuz und spricht zu jedem Einzelnen: „Alle diese Schmerzen habe Ich aus Liebe zu dir auf Mich genommen, wieviel Liebe hast du Mir geschenkt?" Wir werden dann erdrückt von soviel Liebe, denn unser Herz ist leer und kann keine oder nur eine zu schwache Liebe vorweisen.

Das Böse, dem viele im Leben gehuldigt haben, wird alle verschlingen, die keine Liebe zu Gott aufbrachten, ob absichtlich oder aus Gleichgültigkeit, aus Trägheit oder Stolz. Herr, erlöse uns durch Dein Leiden von dem Bösen und öffne unsere Augen in der Zeit des Lebens für Deine Liebe. Gib uns die Gnade, Dich zu lieben, wie Du es von uns erwartest. O Herr, erlöse uns von dem Bösen.

* * *

Schlußwort

„Betet ohne Unterlaß!" Diese Aufforderung des heiligen Apostels Paulus erscheint uns unrealisierbar. Paulus verlangt aber bestimmt nichts Unmögliches. Dies wäre mit seiner nüchternen, realistischen Einstellung nicht vereinbar. Aus seinen Worten spricht Gottes Klarheit. Paulus wollte mit diesen Worten die Gläubigen auf die immerwährende Gegenwart Gottes aufmerksam machen. Wenn aber Gott, dem wir unser Leben verdanken, immer und zu jeder Zeit neben oder vor uns steht und unserer Arbeit zuschaut, so bietet sich darin der schönste Anlaß, unser ganzes Tun und Lassen für des Meisters Ehre zu geben. Mehr noch! Wir sprechen unseren Gast, den Werkmeister der ganzen Welt, direkt an, denn Er weiß ja alles; in Seiner Unermeßlichkeit umfaßt Er Himmel und Erde, so wird Er uns anhören und verstehen. Je öfter wir aufschauen zu Ihm, obgleich nur während Bruchteilen von Sekunden, wird unser Herzschlag zum freudigen Liebesgruß. Sind wir nach der Arbeit frei, dann wird der Gruß zum Vater zu einem glücklichen Emporjubilieren. Wir ringen nach den schönsten Worten. Da steigen aus dem Herzen die Worte, die Er uns gelehrt hat, das „Vaterunser", empor und werden zu einem freudigen Erleben.

Dieses Büchlein soll dem Beter Gedankenstützen geben und Hinweise auf eine Vertiefung in die direkte Sprache mit dem Vater, denn so wollte es Christus, daß wir beten. Vom Vater strömt uns eine unvorstellbar große Macht zu. Auf unsere Liebessprache hält Er Sein

Liebesgeschenk bereit, die Seligkeit in Ihm, ein Glück ohne Ende. – Das „Vaterunser", das Lied der Liebe, löst vom höchsten König des Universums die Macht aus, eine Ewigkeit für uns vorauszubestimmen. Wir erhalten eine ganze Ewigkeit voller Wonne.

Das ist die Macht des „Vaterunser".

* * *

LITERATURHINWEIS

Die Heilige Schrift, Übersetzung von Hamp/Stenzel/Kürzinger, Pattloch-Verlag, Aschaffenburg

Johann Tauler, **Medulla animae**, Verlag Nikolaus Casseder, Grätz, 1823

Benedikt Stolz OSB, **Mein Leben für Dich**, geoffenbart der Äbtissin Maria Cäcilia Baij, Miriam-Verlag, Jestetten (inzwischen vergriffen!)

Urs von Balthasar, **Herrlichkeit**, Johannes-Verlag, Einsiedeln

Heinrich Suso, **Büchlein der ewigen Weisheit**, Verlag Friedrich Gegenbauers Erben, Wil, SG

Marguerite, **Botschaft der barmherzigen Liebe an die kleinen Seelen**, Auslieferung: Miriam-Verlag, Jestetten

Martha, **Wasser aus dem Quell allen Lebens**, Verlag M. Schröder, Eupen

Empfehlenswertes:

Wie Gott uns liebt *Reinhard Schneider*

Dieses Buch hat sich zur Aufgabe gestellt, „das größte Opfer aller Zeiten", das Jesus Christus für uns am Kreuz vollbracht hat, mehr in unser Bewußtsein zu bringen. Es beginnt beim Geheimnis Gottes, führt von der Vorbereitung im Alten Bund über die Menschwerdung des Gottessohnes hin zum Kreuzesofper selbst und zu dessen unblutiger Erneuerung in der hl. Messe. 160 Seiten, € 4.50

Glaube und Vertrauen
Reinhard Schneider

Wir können keinen Menschen mehr ehren, als wenn wir ihm Glauben und Vertrauen entgegenbringen. Was aber für uns Menschen seine Gültigkeit hat, gilt im höchsten Maße in unserer Beziehung zu Gott. Der gläubige Mensch kann in seinem Leben unsagbar Großes vollbringen, wenn er an Gott glaubt und auf Seine Hilfe vertraut. Diese wertvolle Schrift festigt unseren Glauben und unser Vertrauen zu Gott. 96 Seiten, € 2.50

Warum beten? *Reinhard Schneider*

Gerade weil in der heutigen Zeit so viele Zweifel über den Wert des Gebetes bestehen, hat der bekannte Autor einige Beispiele aufgeführt, um das Vertrauen in das Gebet wieder zu stärken. Er zeigt die Unentbehrlichkeit des regelmäßigen Gebetes auf dem Weg zu Gott. Auch werden in dieser Kleinschrift die positiven Aspekte und Früchte des Gebetes gezeigt.

48 Seiten, € 1.—

Der englische Gruß *Reinhard Schneider*
Das Geheimnis der Erlösung wird mit jedem Ave Maria gleichsam zum Leuchten gebracht, sooft ein Christ es verrichtet. Es gehört zu den schönsten und wertvollsten Gebeten und kann ob seiner Gnade und Kraft, die ihm innewohnt, die bösen Geister in Schrecken schlagen. Es verbindet das Herz mit dem Geist Mariens und macht die betende Seele heilig in den Augen Gottes. Diese Texte helfen uns, tiefer in das unauslotbare Geheimnis unserer Erlösung einzudringen.
88 Seiten, € 2.50

Maria, Königin des Friedens

Heinz Siebert
Pfarrer Siebert hat sich in diesem Buch intensiv mit dem Gedanken des Friedens befaßt und versucht, den heutigen Menschen jene Frau näherzubringen, die von Gott auserwählt ist, den Menschen den Frieden zu vermitteln. Die 27 Ansprachen dienen alle diesem Ziel. Wer sie aufmerksam liest, wird viel geistigen Gewinn haben.
160 Seiten, € 4.50

Maria, Mutter Israels M. Waldhier
Diese wertvolle Kleinschrift möchte uns die Mutter unseres Herrn und die Mutter Israels, näher bringen. Mit Blick auf Ursprung der Mariologie, Mariens Leben im Wort Jahwes, Einführung zum Rosenkranzgebet und Meditationen zu den freudenreichen Geheimnissen.
32 Seiten, € 1.30

Bestelladresse: Miriam-Verlag • D-79798 Jestetten
Internet: www.miriam-verlag.de   eMail: info@miriam-verlag.de
Tel.: 0 77 45 / 92 98 30   Fax: 0 77 45 / 92 98 59